스마트 시사영어
Smart Current English

| 이 종 문 著 |

JW 장원문화인쇄

| 책을 내면서

　시사영어는 Time 지나 Newsweek 지와 같은 시사 주간지와 Korea Herard 나 Korea Times 와 같은 영자 신문, 그리고 CNN 과 같은 방송을 통해 정치, 경제, 사회, 문화 등 각 분야의 시사적인 내용을 영어로 공부하는데 목적이 있습니다. 그러나 매주 전세계의 지식인들이 읽고 있는 시사 주간지나 매일 발행되는 영자 신문 등은 문장구조의 난해함과 어려운 시사적인 용어로 인해 쉽게 접근하기 어려운 것이 사실입니다. 따라서 필자는 대학에서의 오랜 교육 경험을 바탕으로 시사 영어를 공부하려는 학생들에게 실질적인 도움을 주고자 이 책을 집필하게 되었습니다.

　스마트 시사영어는 건강, 스포츠, 문화, 음식, 여행, 과학기술, 화제가 되는 사람들 등 다양한 분야에서 흥미로운 주제의 글을 선택하여 학생들로 하여금 관심을 잃지 않고 지속적으로 공부할 수 있도록 하였습니다. 무엇보다 이 책의 가장 큰 특징은 학생들의 이해를 돕기 위해 난해한 지문에 대한 충실한 번역을 제공할 뿐만 아니라 그 문장에 적합한 단어의 뜻을 설명하고, 실제 토익 유형의 문제를 기출함으로써 지문의 내용을 다시 한번 확인할 수 있도록 구성되었다는 점입니다.

　아무쪼록 스마트 시사영어를 통해 영어를 공부하고 시사 상식을 얻으려는 학생과 수험생들에게 작은 안내서가 되기를 바랍니다. 오랫동안 필자의 책을 출판해주신 장원문화인쇄출판의 원병철 사장님과 편집을 해주신 박혜련 실장님께 감사를 드립니다.

목 차

1. Why Tai Chi Is the Perfect Exercise ——— 08
2. How to Prevent a Migraine ——— 16
3. Is There a Doctor Onboard? ——— 25
4. How to Avoid Getting Sick ——— 36
5. Relearning to Pack ——— 44
6. Apples Can Be More Than Delicious ——— 52
7. A Healthy Cup of Joe? ——— 60
8. Dignitaries attend grand party for Mandela's 90th ——— 64
9. Korea: An Insular Possession ——— 80
10. Say "I do" to Health ——— 84
11. Diet vs. Exercise ——— 90
12. Best Airport Surprise: The Swimming Pool, Changi ——— 92
13. Best Film Festival: The Pusan International Film Festival ——— 94
14. Lavish Launchpad ——— 96
15. Food for the Brain ——— 100

16. Tea Versus the Big "C" — 104

17. Vitamin E — 108

18. Asia's Heroes 2005 - Park Ji Sung — 114

19. Rain: The Magic Feet from Korea — 120

20. Michelle Wie — 124

21. Jim Yong Kim — 128

22. Dr. Lee Jong-wook — 134

23. The Headband That Reads Your Brain — 136

24. The Secrets of the Lotus — 142

25. Dinosaurs May Have Slept Like Humans, Study Shows — 146

26. 10,000 Steps — 150

27. What You Can Do to Live Long and Well — 158

28. 10 Things We Learned About Blogs — 168

29. A Guru's Guide — 180

30. Those Fragile Hearts — 188

31. Laughter Enhances Health — 198

스마트 시사영어

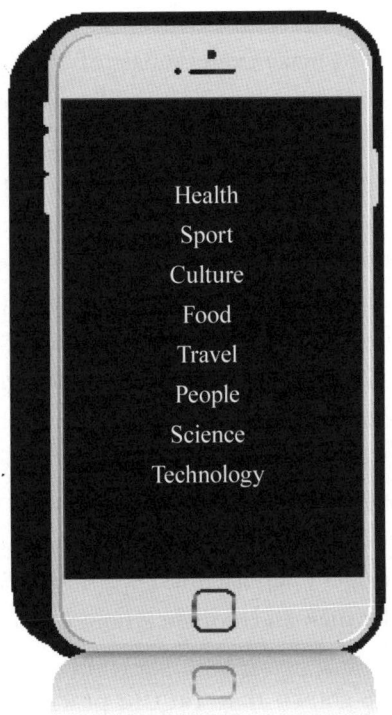

1. Why Tai Chi Is the Perfect Exercise

Especially for seniors. The slow-motion martial art builds strength, agility and, best of all, balance.

By Christine Gorman

It's easy to tell people to make exercise part of their daily routine. It's not so easy to tell them what to do. Some folks like to run marathons or climb mountains. But if you would rather care for your body without risking life or limb or increasingly creaky joints, you might consider Tai Chi Chuan, the ancient martial art that looks like a cross between shadow boxing and slow-motion ballet. Tai Chi combines intense mental focus with deliberate, graceful movements that improve strength, agility and - particularly important for the elderly – balance.

Practitioners praise Tai Chi's spiritual and psychological benefits, but what has attracted the attention for Western scientists lately is what Tai Chi does for the body. In many ways, researchers are just catching up to what tens of millions of people in China and Chinatowns around the rest of the world already know about Tai Chi. Scientists at the Oregon Research Institute in Eugene reported last week that Tai Chi offers the greatest benefit to older men and women who are healthy but relatively inactive.

Previous studies have shown that Tai Chi practiced regularly helps reduce falls among healthy seniors. The next step, from a scientific point of view, is to determine whether Tai Chi can help those who are already frail.

1. 태극권이 완벽한 운동인 이유

특별히 노인들을 위한 운동. 천천히 움직이는 무술은 힘과 민첩함, 그리고 무엇보다도 균형감을 길러준다.

By Christine Gorman

사람들에게 운동을 그들의 일상생활로 만들라고 말하는 것은 쉽다. 그들에게 무슨 운동을 하라고 말하는 것은 그렇게 쉽지 않다. 어떤 사람들은 마라톤을 하거나 등산하는 것을 좋아한다. 그러나 당신이 생명이나 손과 발 또는 점점 더 삐걱거리는 관절의 위험없이, 당신의 몸을 돌보기를 원한다면, 혼자서 권투를 연습하는 것과 천천히 움직이는 발레의 중간쯤 되는 것처럼 보이는 고대 무술인 태극권을 생각해볼 수 있을 것이다. 태극권은 강렬한 정신적인 집중과 신중하고 우아한 움직임을 결합한 것으로 힘과 민첩함, 그리고 특별히 노인들에게 중요한 균형감을 향상시킨다.

태극권을 하는 사람들은 이 무술의 정신적이고 심리적인 혜택을 칭찬하지만, 최근에 서구 과학자들의 관심을 끈 것은 태극권이 몸에 주는 것, 즉 신체에 주는 혜택이다. 여러 방식으로, 연구자들은 중국과 세계의 나머지 지역에 있는 차이나타운에서 수많은 사람들이 벌써 태극권에 대해서 알고 있는 것을 이제 막 간파하여 뒤쫓아 가고 있다. Eugene 에 있는 Oregon Research Institute 의 과학자들은 지난 주에 태극권이 건강하지만 상대적으로 비활동적인 노인 남성과 여성에게 가장 큰 혜택을 제공한다고 발표했다.

이전의 연구들은 규칙적으로 연습한 태극권은 건강한 노인들 가운데 낙상을 줄이는데 도움이 된다는 것을 보여주었다. 과학적인 관점에서, 다음 단계는 태극권이 이미 허약한 사람들을 도울 수 있는지 아닌지를 결정하는 것이다.

Smart TOEIC

1. Tai Chi combines intense mental focus with deliberate, graceful movements____improve strength, agility and - particularly important for the elderly - balance.

   (A) that
   (B) who
   (C) whom
   (D) what

2. Practitioners praise Tai Chi's spiritual and psychological benefits, but what has attracted the attention for Western scientists lately is _____Tai Chi does for the body.

   (A) who
   (B) whom
   (C) what
   (D) that

3. In many ways, researchers are just catching up_____what tens of millions of people in China and Chinatowns around the rest of the world already know about Tai Chi.

   (A) on
   (B) in
   (C) to
   (D) at

Smart TOEIC

1. 태극권은 강렬한 정신적인 집중과 신중하고 우아한 움직임을 결합한 것으로 힘과 민첩함, 그리고 특별히 노인들에게 중요한 균형감을 향상시킨다.

   (A) that　　(B) who　　(C) whom　　(D) what

2. 태극권을 하는 사람들은 이 무술의 정신적이고 심리적인 혜택을 칭찬하지만, 최근에 서구 과학자들의 관심을 끈 것은 태극권이 몸에 주는 것, 즉 신체에 주는 혜택이다.

   (A) who　　(B) whom　　(C) what　　(D) that

3. 여러 방식으로, 연구자들은 중국과 세계의 나머지 지역에 있는 차이나 타운에서 수많은 사람들이 벌써 태극권에 대해서 알고 있는 것을 이제 막 간파하여 뒤쫓아 가고 있다.

   (A) on　　(B) in　　(C) to　　(D) at

   1.(A) 2.(C) 3.(C)

Smart Vocabulary

martial art 무술(무도)　agility 민첩　limb (하나의) 팔[다리]　creaky 삐걱거리는
shadow box 혼자서 권투를 연습하다　cross 잡종, 중간물, 절충
deliberate (동작이나 행동이) 신중한
practitioner (특히 기술을 요하는 일을) 정기적으로 하는 사람
benefit 혜택, 이득　catch up to 간파하다, 뒤쫓아 미치다

There are several styles of Tai Chi, but most of them start with a series of controlled movements or forms, with names like Grasping the Sparrow's Trail and Repulse the Monkey. There are many good how-to books to get you started, or you can choose from among the growing number of classes offered at rec centers and health clubs in the U.S. and around the world. (These have the added benefit of combining instruction with a chance to meet new people.) Either way, the goal is to move at your own pace. As Tai Chi master Martin Lee of the Tai Chi Cultural Center in Los Altos, California, puts it, "Pain is no gain."

It can take a few months for the effects to kick in, but when they do they can act as a gateway to a new lifestyle. "Once people start feeling better, they often become more active in their daily life," says Dr. Karim Khan, a family-practice and sports physician at the University of British Columbia.

Any form of exercise, of course, can do only so much. "For older individuals, Tai Chi will not be the endall," says William Haskell, an expert in chronic-disease prevention at Stanford University. "But Tai Chi plus walking would be a very good mixture." Younger people probably need more of an aerobic challenge, but they can benefit from Tai Chi's capacity to reduce stress.

The best thing about Tai Chi is that people enjoy it, so they are more likely to stick with it long enough to get some benefit.

It helps when something that's good for you is also fun.

태극권에는 몇 개의 종류가 있지만, 그들 중 대부분은 참새의 꼬리잡기와 원숭이 격퇴와 같은 이름을 가진 일련의 통제된 동작이나 형태와 함께 시작한다. 당신이 시작하기 위해서 많은 좋은 입문서들이 있고, 또는 미국이나 전 세계에서 리크리에이션 센터나 헬스 클럽에서 제공되는 점점 더 많아지는 수업 가운데에서 선택할 수 있다. (이것들은 운동을 연습하는 것과 새로운 사람들을 만날 수 있는 기회를 결합한 부가된 혜택이다) 어느 쪽이든, 목표는 당신 자신의 속도로 움직이는 것이다. California 의 Los Altos 에 있는 Tai Chi Cultural Center 의 태극권 지도자인 Martin Lee 는 그것을 "부상당하는 것은 아무 것도 얻을 수 없다"라고 말한다.

효과가 나타나기 위해서는 몇 달이 걸릴 수 있지만, 효과가 나타날 때, 그것들은 새로운 삶의 스타일로 들어가는 관문으로서 역할을 할 수 있다. University of British Columbia 의 가족 운동 스포츠 의사인 Karim Khan 박사는 "만약 사람들이 더 좋다고 느끼기 시작한다면, 그들은 종종 일상생활에서 더 적극적일 수 있게 된다."라고 말한다.

물론, 어떤 형태의 운동이든 그렇게 많은 것을 할 수 있다. Stanford University 에서 만성 질병 예방 전문가인 William Haskell 은 "노인들에게, 태극권이 종결은 아닐 것이다." 라고 말한다. "그러나 태극권과 걷기를 함께 하는 것은 매우 좋은 결합일 것이다." 더 젊은 사람들은 아마도 에어로빅과 같은 어려운 운동을 더 필요로 하지만, 그들도 스트레스를 줄이기 위해서 태극권의 능력으로부터 혜택을 얻을 수 있다.

태극권에 관해서 가장 좋은 것은 사람들이 그것을 즐길 수 있다는 것이다. 그래서 그들은 어떤 혜택을 얻기 위해서라도 충분히 오랫동안 그것을 더 할 것이다.

당신에게 좋은 어떤 것이 재미가 있을 때 도움이 된다.

Smart TOEIC

1. It can take a few months____the effects to kick in, but when they do they can act as a gateway to a new lifestyle.

   (A) at
   (B) to
   (C) for
   (D) in

2. The best thing about Tai Chi is____people enjoy it, so they are more likely to stick with it long enough to get some benefit.

   (A) that
   (B) what
   (C) who
   (D) whom

3. It helps when something that's good for you____also fun.

   (A) be
   (B) is
   (C) are
   (D) was

Smart TOEIC

1. 효과가 나타나기 위해서는 몇 달이 걸릴 수 있지만, 효과가 나타날 때, 그것들은 새로운 삶의 스타일로 들어가는 관문으로서 역할을 할 수 있다.

   (A) at　　　(B) to　　　(C) for　　　(D) in

2. 태극권에 관해서 가장 좋은 것은 사람들이 그것을 즐길 수 있다는 것이다. 그래서 그들은 어떤 혜택을 얻기 위해서라도 충분히 오랫동안 그것을 더 할 것이다.

   (A) that　　　(B) what　　　(C) who　　　(D) whom

3. 당신에게 좋은 어떤 것이 재미가 있을 때 도움이 된다.

   (A) be　　　(B) is　　　(C) are　　　(D) was

1.(C) 2.(A) 3.(B)

Smart Vocabulary

grasp 꽉 잡다, 움켜잡다　sparrow 참새　trail (길게·연이어 나 있는) 자국(흔적)
repulse (공격을) 물리치다, 격퇴하다　how-to 입문서, 실용서
instruction 설명, 가르침　frail (허)약한; 부서지기 쉬운　endall 종결, 대단원
chronic 만성적인　capacity 능력, 용량, 수용력

2. How to Prevent a Migraine

There's a new wrinkle on headache cures: botox. It often works when nothing else does

BY SANJAY GUPTA

Half the 28 million Americans who get migraines never see a doctor about them. That is a shame, because not only are there plenty of drugs that can alleviate the often debilitating pain of migraines, but there are also whole classes of medications that can prevent them in the first place. These include beta and calcium-channel blockers that improve the flow of blood to the brain, anti-depressants that regulate levels of the brain chemical serotonin and various antiinflammatory drugs and anti-seizure medicines (epilepsy and migraines, for reasons no one yet understands, seem to have common origins).

Unfortunately, a large group of migraine sufferers - perhaps as many as 9 million in the U.S. alone - find no protection or relief in today's drugs. That is why there was so much excitement recently at the American Headache Society in Seattle, Washington, about the news that these so-called refractory migraine patients respond well to treatment with Hollywood's new favorite drug: botox.

The discovery that botox can prevent migraines was a lucky accident. Plastic surgeons using diluted botulism toxin to remove wrinkles started hearing about a secondary effect. "Patients," remembers Dr. William Binder, "came back saying, 'Not only have my wrinkles disappeared, but my headaches are also gone.'"

2. 편두통을 예방하는 방법

두통 치료에 새로운 좋은 생각이 있다: 보톡스. 다른 것이 효과가 없을 때 보톡스가 종종 효과가 있다.

BY SANJAY GUPTA

두통이 있는 이천 팔백만 명의 미국인들 중 절반이 그것에 관하여 의사의 진찰을 받지 않는다. 그것은 부끄러운 일인데, 왜냐하면 두통의 쇠약하게 하는 고통을 완화해줄 수 있는 많은 약이 있을 뿐 아니라, 우선 두통을 예방할 수 있는 모든 종류의 약물 치료 방법이 있기 때문이다. 이것들에는 피가 뇌까지 흐르는 것을 개선시키는 beta and calcium-channel 차단제, 뇌 화학물질인 세로토닌의 수준을 조절하는 항울제, 그리고 다양한 항염증 약과 항발작 의약품 (어느 누구도 아직 이해하지 못하는 이유들 때문에, 간질과 두통은 공통의 기원을 갖고 있는 것처럼 보인다) 이 있다.

불행하게도, 많은 두통 환자들이 - 아마도 미국에서만 구백만 명이나 되는 많은 사람들이 - 오늘날의 약에서 어떤 보호나 고통을 완화시키지 못한다. 그것이 최근에 Washington 주 Seattle 의 미국 심장 학회에서 이들 소위 말하는 고질적인 두통 환자들이 할리우드가 새롭게 좋아하는 약이 보톡스라는 뉴스에 그토록 많이 흥분한 이유이다.

보톡스가 편두통을 예방할 수 있다는 발견은 운이 좋은 사건이었다. 주름을 제거하기 위해 희석시킨 보툴리즘 독소를 사용한 성형외과 의사들은 이차 효과에 관해서 듣기 시작했다. William Binder 박사는 "환자들이 '나의 주름이 사라졌을 뿐 아니라 두통도 또한 없어졌어요'라고 말하며 돌아왔습니다"라고 기억한다.

Smart TOEIC

1. Half the 28 million Americans who get migraines never see a doctor about them. That is a shame, because not only_____there plenty of drugs that can alleviate the often debilitating pain of migraines, but there are also whole classes of medications that can prevent them in the first place.

    (A) be
    (B) is
    (C) are
    (D) was

2. Unfortunately, a large group of migraine sufferers - perhaps as many_____9 million in the U.S. alone - find no protection or relief in today's drugs.

    (A) as
    (B) than
    (C) more
    (D) too

3. That is why there was so_____excitement recently at the American Headache Society in Seattle, Washington, about the news that these so-called refractory migraine patients respond well to treatment with Hollywood's new favorite drug: botox.

    (A) few
    (B) a few
    (C) many
    (D) much

Smart TOEIC

1. 두통이 있는 이천 팔백만 명의 미국인들 중 절반이 그것에 관하여 의사의 진찰을 받지 않는다. 그것은 부끄러운 일인데, 왜냐하면 두통의 쇠약하게 하는 고통을 완화해줄 수 있는 많은 약이 있을 뿐 아니라, 우선 두통을 예방할 수 있는 모든 종류의 약물 치료 방법이 있기 때문이다.

    (A) be   (B) is   (C) are   (D) was

2. 불행하게도, 많은 두통 환자들이 - 아마도 미국에서만 구백만 명이나 되는 많은 사람들이 - 오늘날의 약에서 어떤 보호나 고통을 완화시키지 못한다.

    (A) as   (B) than   (C) more   (D) too

3. 그것이 최근에 Washington 주 Seattle 의 미국 심장 학회에서 이들 소위 말하는 고질적인 두통 환자들이 할리우드가 새롭게 좋아하는 약이 보톡스라는 뉴스에 그토록 많이 흥분한 이유이다.

    (A) few   (B) a few   (C) many   (D) much

1.(C) 2.(A) 3.(D)

Smart Vocabulary

migraine 편두통   wrinkle 좋은 생각, 주름   alleviate 경감하다; 완화하다
debilitate (사람·몸을) 쇠약하게 하다   medication 약물 치료[처리], 투약(법)
depressant (특히 근육·신경 따위의) 진정제   regulate 조절하다
antiinflammatory 항염증   seizure (지랄증 등의) 발작, (특히) 졸도
epilepsy 간질   relief (고통·불안 등의) 경감, 완화, 제거
refractory 난치의, 고질의(병 따위)

As word spread in the medical community, more doctors began offering botox to their migraine patients. Finally, two years ago, a team of scientists at Wake Forest University in North Carolina decided to put the treatment to a scientific test. They administered botox shots to 134 patients who had not responded to standard migraine treatments. Eighty-four percent reported some improvement; among patients who got the full four-session treatment, the success rate was 92%.

Dr. Todd Troost, chairman of neurology at Wake Forest and lead researcher on the botox study, says he is not sure why botox works. "It appears to relax muscles in the head, neck and jaw that when inflamed may trigger migraines," he says. But Troost adds that it also seems to interfere directly with the brain's pain-signaling mechanism.

The U.S. FDA, which in April approved botox injections for wrinkle removal only, has not yet endorsed botox as a treatment for migraines - although doctors are able to administer it to patients "off label." The treatments are neither easy nor cheap. They involve 30 or 40 injections around the head, temple, jaw, neck and shoulders, cost $1,000 or more and wear off after three or four months. Some patients will still prefer less invasive preventive measures, such as getting plenty of sleep and cutting back on red wine, chocolate and aged cheeses.

Yet Shirley Kennedy, 52, speaks for many patients when she swears by her botox shots. For 30 years, she says, she suffered from migraines so severe that she felt "as if every hair on my head was about to blow off." That has all changed. "Botox was a lifesaver," she says. "I no longer have migraines." She probably has fewer wrinkles too.

소문이 의학계에 퍼져 나감에 따라, 더 많은 의사들이 보톡스를 그들의 편두통 환자에게 제공하기 시작했다. 마침내, 이년 전에, North Carolina 에 있는 Wake Forest University 의 과학자들 한 팀이 그 치료를 과학적으로 실험하기로 결정했다. 그들은 표준 편두통 치료에 반응을 보이지 않았던 134 명의 환자들에게 보톡스 주사를 놓았다. 84 퍼센트가 개선을 보였다. 모두 네 번의 치료를 받은 환자들 가운데, 성공률은 92 퍼센트였다.

Wake Forest에서 신경학 분야 책임자이며 보톡스 연구의 선임 연구자인 Todd Troost 박사는 왜 보톡스가 효과가 있는지 확신하지 못한다고 말한다. 그는 "염증이 있을 때, 편두통을 야기할 수 있는 머리, 목, 턱의 근육을 이완시키는 것처럼 보인다"라고 말한다. 그러나 Troost 는 보톡스가 뇌의 고통을 알려주는 메카니즘에 직접적으로 개입하는 것처럼 보인다고 덧붙인다.

4월에 주름 제거로만 보톡스 주사를 승인한 미국 식품 의약국은 아직 편두통 치료제로서 보톡스를 승인하지 않았다. 비록 의사들이 식품 의약국의 승인 없이 환자들에게 그것을 주사하고 있을지라도. 치료는 쉽지도 않고 싸지도 않다. 치료는 30번 또는 40번의 주사를 머리, 관자놀이, 턱, 목, 어깨에 맞고, 비용은 1000 달러이며, 세 달에서 네 달 정도가 지나면 그 효과가 사라진다. 어떤 환자는 많은 잠을 자거나 적포도주나 초콜릿, 숙성된 치즈를 줄이는 것과 같이, 주사를 덜 맞으며 예방하는 조치를 아직도 선호한다.

그러나 52세인 Shirley Kennedy 는 자신의 보톡스 주사에 대해 단언할 때 많은 환자들을 위해 말한다. 그녀는 30년 동안 편두통으로 인해 너무 심하게 고통을 당해 왔기 때문에 "마치 내 머리의 모든 머리카락이 뽑히는 것처럼" 느꼈다고 말한다. 그것이 모든 것을 변화시켰다. 그녀는 "보톡스가 생명의 은인입니다. 나는 더 이상 편두통이 없어요"라고 말한다. 그녀는 아마도 주름도 더 줄어들었을 것이다.

Smart TOEIC

1. Some patients will still prefer less invasive preventive measures, such _____ getting plenty of sleep and cutting back on red wine, chocolate and aged cheeses.

    (A) so
    (B) as
    (C) if
    (D) that

2. For 30 years, she says, she suffered from migraines so severe that she felt "as if every hair on my head_____about to blow off."

    (A) is
    (B) are
    (C) was
    (D) were

3. "Botox was a lifesaver," she says. "I no longer have migraines." She probably has_____wrinkles too.

    (A) a fewer
    (B) fewer
    (C) much
    (D) a little

Smart TOEIC

1. 어떤 환자는 많은 잠을 자거나 적포도주나 초콜릿, 숙성된 치즈를 줄이는 것과 같이, 주사를 덜 맞으며 예방하는 조치를 아직도 선호한다.

   (A) so   (B) as   (C) if   (D) that

2. 그녀는 30년 동안 편두통으로 인해 너무 심하게 고통을 당해 왔기 때문에 "마치 내 머리의 모든 머리카락이 뽑히는 것처럼" 느꼈다고 말한다.

   (A) is   (B) are   (C) was   (D) were

3. 그녀는 "보톡스가 생명의 은인입니다. 나는 더 이상 편두통이 없어요"라고 말한다. 그녀는 아마도 주름도 더 줄어들었을 것이다.

   (A) a fewer   (B) fewer   (C) much   (D) a little

   1.(B) 2.(C) 3.(B)

Smart Vocabulary

treatment 치료   plastic surgeon 성형외과 의사   dilute 물을 타다, 묽게 하다
botulism 보툴리누스 중독   toxin 독소   secondary effect 이차 효과
administer (약 따위를) 복용시키다   neurology 신경(병)학
inflame 염증을 일으키다   trigger(일련의 사건·반응 등을) 일으키다, 유발하다
interfere 간섭, 개입, 방해하다   injection 주사   removal 제거
Food and Drug Administration 식품 의약국   endorse (계획 등을) 승인, 확인, 시인하다
off-label (약이) FDA 승인 없이 처방된(되어)   temple 관자놀이
invasive 침입하는, 침습성의   cut back(on something) ~을 줄이다   swear 단언하다
blow off (증기, 물 따위를) 분출시키다   lifesaver 인명 구조자; 생명의 은인

3. Is There a Doctor Onboard?

Physicians dread in-flight emergencies almost as much as you do. But things are looking up.

BY SANJAY GUPTA

As a physician who travels quite a bit, I spend a lot of time on planes listening for that dreaded "Is there a doctor onboard?" announcement. I've been called only once - for a woman who had merely fainted. But the incident made me curious about how often this kind of thing happens. I wondered what I would do if confronted with a real midair medical emergency - without access to a hospital staff and the usual emergency equipment. So when the New England Journal of Medicine last week published a study about in-flight medical events, I read it with interest. The study estimated that there are an average of 30 in-flight medical emergencies on U.S. flights every day. Most of them are not grave; fainting, dizziness and hyperventilation are the most frequent complaints. But 13% of them roughly four a day - are serious enough to require a pilot to change course. The most common of the serious emergencies include heart trouble (46%), strokes and other neurological problems (18%), and difficulty breathing (6%).

3. 비행기에 의사 선생님 계십니까?

의사들도 당신만큼이나 비행중의 위급한 상황에 대해 두려워한다. 그러나 여러 방법들을 찾고 있다.

BY SANJAY GUPTA

여행을 꽤 많이 하는 의사로서, 나는 "비행기에 의사 선생님 계십니까?"라고 겁에 질려 방송하는 것을 들으며 많은 시간을 비행기에서 보낸다. 나는 그냥 기절한 여성 때문에 단지 한번 그 방송을 듣고 가보았다. 그러나 그 사건은 나에게 이러한 종류의 일이 얼마나 자주 일어나는지에 관해 호기심을 갖게 만들었다. 나는 만약 실제로 비행 중에 의학적으로 위급한 상황에 처했을 때 무엇을 할 수 있는지 궁금했다 - 의료진도 없고 보통 위급한 상황에서 쓰이는 장비도 없이. 그래서 지난주 New England Journal of Medicine 이 비행 중에 의학적인 위급한 상황에 관한 연구를 발표했을 때, 나는 관심을 갖고 그 논문을 읽었다. 그 연구는 미국에서 매일 평균 30번 비행기에서 의학적으로 위급한 상황이 일어나는 것으로 추정했다. 그것들 중 대부분은 심각한 것은 아니다: 기절, 현기증, 과다호흡이 가장 자주 있는 호소 증상이다. 그들 중 13%는 하루에 대략 네 번 - 조종사가 항로를 바꿔야 할 만큼 심각하다. 심각한 위급 상황 중에서 가장 일반적인 것은 심장병(46%), 발작과 다른 신경학상의 문제(18%), 호흡의 어려움(6%)이다.

Smart TOEIC

1. Physicians dread in-flight emergencies almost as____as you do.

   (A) much
   (B) many
   (C) a few
   (D) few

2. I wondered what I would do if____with a real midair medical emergency - without access to a hospital staff and the usual emergency equipment.

   (A) confront
   (B) confronted
   (C) has confronted
   (D) had confronted

3. So when the New England Journal of Medicine last week____ a study about in-flight medical events, I read it with interest.

   (A) publish
   (B) will publish
   (C) is published
   (D) published

Smart TOEIC

1. 의사들도 당신만큼이나 비행중의 위급한 상황에 대해 두려워한다.

   (A) much   (B) many   (C) a few   (D) few

2. 나는 만약 실제로 비행 중에 의학적으로 위급한 상황에 처했을 때 무엇을 할 수 있는지 궁금했다 - 의료진도 없고 보통 위급한 상황에서 쓰이는 장비도 없이.

   (A) confront   (B) confronted
   (C) has confronted   (D) had confronted

3. 그래서 지난주 New England Journal of Medicine 이 비행 중에 의학적인 위급한 상황에 관한 연구를 발표했을 때, 나는 관심을 갖고 그 논문을 읽었다.

   (A) publish   (B) will publish
   (C) is published (D) published

   1.(A) 2.(B) 3.(D)

Smart Vocabulary

dread 두려워하다   look up (경기 따위가) 좋아지다, (말, 해답 따위를) 찾다
physician (내과)의사   quite a bit 꽤 많이   faint 기절하다   incident 사건
midair 공중   access 접근   equipment 장비   estimate 어림잡다, 견적하다
grave 중대한   dizziness 어지러움, 현기증   hyperventilation [호흡] 항진, 과다 호흡
complaint 병, 호소 증상   stroke (병의) 발작, (특히) 뇌졸중   neurological 신경학상의

Let's face it: plane rides are stressful. For starters, cabin pressures at high altitudes are set at roughly what they would be if you lived at 1500 to 2500m above sea level. Most people can tolerate these pressures pretty easily, but passengers with heart disease may experience chest pains as a result of the reduced amount of oxygen flowing through their blood. Low pressure can also cause the air in body cavities to expand - as much as 30%. Again, most people won't notice anything beyond mild stomach cramping.

But if you've recently had an operation, your wound could open. And if a medical device has been implanted in your body - a splint, a tracheotomy tube or a catheter - it could expand and cause injury.

Another common in-flight problem is deep venous thrombosis - the so-called economy-class syndrome. When you sit too long in a cramped position, the blood in your legs tends to clot. Most people just get sore calves. But blood clots, left untreated, could travel to the lungs, causing breathing difficulties and even death. Such clots are readily prevented by keeping blood flowing; walk and stretch your legs when possible.

현실을 직시하자: 비행기를 타는 것은 스트레스다. 처음 비행기를 타는 사람에게, 높은 고도에서비행기의 객실 압력은 대략 당신이 해발 1500에서 2500 미터에서 살았을 때 느끼는 압력에 맞추어져 있다. 대부분의 사람들은 이 압력에 아주 쉽게 견딜 수 있지만, 심장병이 있는 승객들은 피를 통해 흐르는 산소의 감소된 양의 결과로서 가슴 통증을 경험할 수 있다. 낮은 압력은 또한 몸의 구멍에 있는 공기를 30% 만큼이나 확대시킬 수 있다. 대부분의 사람들은 가벼운 위경련 외에는 알아차리지 못할 것이다.

그러나 만약 당신이 최근에 수술을 했다면, 당신의 상처는 벌어질 수 있다. 그리고 만약 의학적인 장치가 – 얇은 널조각, 기관 절개 튜브 또는 도뇨관 – 몸 속에 들어있다면, 그것은 확장되어 상처를 일으킬 수 있다.

또 다른 일반적인 비행 중 일어날 수 있는 문제는 심정맥 혈전증 – 소위 이코노미석 증후군이다. 당신이 비좁은 자리에 너무 오래 앉아 있을 때, 다리의 피가 굳기 쉽다. 대부분의 사람들은 종아리가 아프다. 그러나 피가 응고된 것을 치료하지 않는다면 폐로 가서 호흡의 어려움을 야기하고, 심지어 사망에 이른다. 그러한 응고는 가능하면 걷거나 다리를 쭉 뻗는 것처럼 피를 계속 흐르게 하여 쉽사리 예방할 수 있다.

Smart TOEIC

1. Most people can tolerate these pressures pretty easily, but passengers with heart disease may experience chest pains as a result of the ____ amount of oxygen flowing through their blood.

   (A) reduce
   (B) reducing
   (C) reduced
   (D) to reduce

2. When you sit too long in a cramped position, the blood in your legs ____ to clot.

   (A) tend
   (B) tends
   (C) tended
   (D) have tended

3. Such clots are readily ____ by keeping blood flowing; walk and stretch your legs when possible.

   (A) prevent
   (B) prevents
   (C) preventing
   (D) prevented

Smart TOEIC

1. 대부분의 사람들은 이 압력에 아주 쉽게 견딜 수 있지만, 심장병이 있는 승객들은 피를 통해 흐르는 산소의 감소된 양의 결과로서 가슴 통증을 경험할 수 있다.

   (A) reduce (B) reducing (C) reduced (D) to reduce

2. 당신이 비좁은 자리에 너무 오래 앉아 있을 때, 다리의 피가 굳기 쉽다.

   (A) tend (B) tends (C) tended (D) have tended

3. 그러한 응고는 가능하면 걷거나 다리를 쭉 뻗는 것처럼 피를 계속 흐르게 하여 쉽사리 예방할 수 있다.

   (A) prevent (B) prevents (C) preventing (D) prevented

                                1.(C) 2.(B) 3.(D)

Smart Vocabulary

Let's face it 현실을 직시하자   cabin 선실, 객실   altitude 높이, 고도
above sea level 해발   tolerate 참다, 견디다   cavity 구멍, (신체의) 강(腔)
stomach 위(胃).복부   cramp (손발 등의) 경련, 쥐; (보통 pl.) 갑작스런 복통
beyond (부정, 의문문에서) ~외에   operation 수술   device 장치
implant 심다, 이식하다   splint 얇은 널조각; (접골 치료용) 부목(副木)
tracheotomy 기관(氣管) 절개(술)   injury 상해, 상처   venous 정맥의
thrombosis 혈전증   syndrome 증후군   cramped 비좁은
tend 경향이 있다, ~하기 쉽다   clot 덩어리지다; 응고하다   sore 아픈
calf 종아리 (pl. calves)   lung 폐   stretch (손 따위를) 내밀다, 내뻗다

Whatever you do, don't panic. Things are looking up on the in-flight-emergency front. Doctors in the U.S. who come to passengers' aid used to worry about getting sued; their fears have lifted somewhat since the 1998 Aviation Medical Assistance Act gave them "good Samaritan" protection. And thanks to more recent legislation, flights with at least one attendant are starting to install emergency medical kits, with automated defibrillators to treat heart attacks.

Are you still wondering if you are healthy enough to fly? If you can climb a flight of stairs without getting winded, you'll probably do just fine. Having a doctor close by doesn't hurt either.

당신이 무엇을 하든지, 당황하지 마라. 비행중 위급한 상황에서 상황이 좋아지고 있다. 미국에서 승객들을 돕기위해 오는 의사들은 고소당하는 것을 걱정하곤 한다. 1998년 항공 의학 도움 법률 Aviation Medical Assistance Act 이 그들에게 "선한 사마리아인" 보호를 제공한 이래로 그들의 두려움이 다소 없어졌다. 그리고 더 최근의 법률 덕분에, 적어도 한 명의 승무원이 탑승한 비행은 심장 마비를 치료할 자동 제세동기와 함께 위급한 상황에서 사용할 의학 키트를 설치하기 시작하고 있다.

당신은 비행기를 타기에 충분히 건강한지 아직도 궁금한가? 만약 당신이 숨차지 않고 계단을 오를 수 있다면, 당신은 아마도 괜찮을 것이다. 근처에 의사가 있는 것도 괜찮을 것이다.

Smart TOEIC

1. Doctors in the U.S.____come to passengers' aid used to worry about getting sued.

    (A) what
    (B) who
    (C) which
    (D) whom

2. And thanks to more recent legislation, flights with at least one attendant _____ starting to install emergency medical kits, with automated defibrillators to treat heart attacks.

    (A) is
    (B) was
    (C) are
    (D) were

3. Are you still wondering____you are healthy enough to fly?

    (A) whatever
    (B) who
    (C) whom
    (D) if

Smart TOEIC

1. 미국에서 승객들을 돕기 위해 오는 의사들은 고소당하는 것을 걱정하곤 한다.

   (A) what   (B) who   (C) which   (D) whom

2. 그리고 더 최근의 법률 덕분에, 적어도 한 명의 승무원이 탑승한 비행은 심장 마비를 치료할 자동 제세동기와 함께 위급한 상황에서 사용할 의학 키트를 설치하기 시작하고 있다.

   (A) is   (B) was   (C) are   (D) were

3. 당신은 비행기를 타기에 충분히 건강한지 아직도 궁금한가?

   (A) whatever   (B) who   (C) whom   (D) if

                                           1.(B) 2.(C) 3.(D)

Smart Vocabulary

come(go) to a person's aid 아무를 원조하러 오다(가다)   sue 고소하다
act (종종 A-) 법령, 조례   lift (구름, 안개가) 걷히다, 없어지다   aviation 비행, 항공
legislation 입법, 법률   install 설치하다   kit 연장통(주머니), 도구 한 벌
defibrillator 제세동기   flight (층계의) 한번 오르기   wind 숨차게 하다

4. How to Avoid Getting Sick

It is the season to get the sniffles. There's more to protecting yourself than just getting a flu shot.

By Sanjay Gupta

Although I get my flu shot regularly, I still manage to contract at least one nasty bug each year. The shot reduces your chances of getting influenza up to 90%, but you don't have to stop there. You can significantly improve the odds of staying healthy by following a few simple rules.

First, you need to know what you're up against. In addition to the flu, the average adult suffers anywhere from one to three respiratory illnesses a year, nearly all of them caused by viruses and most of them occurring in the cooler months. Cold weather also tends to bring out the kind of bad habits - from overindulging at parties to letting exercise routines slide - that make the body more susceptible to infection.

The reason we get colds isn't directly linked to cold weather, of course. It's that we spend more time indoors with other people and their germs. If you really wanted to make sure you never suffered another cold, you would avoid all contact with other people as well as anything they had ever touched. And you would certainly abandon those ritual handshakes and cheek pecks. Why? Respiratory viruses, including those that cause flu, are highly contagious and can survive for hours on skin, furniture, doorknobs and the like.

4. 아프지 않는 방법

코감기에 걸리는 계절이다. 독감 예방 주사를 한번 맞는 것보다 더 자신을 보호할 수 있는 것이 있다.

By Sanjay Gupta

비록 내가 독감 예방 주사를 정기적으로 맞기는 하지만, 아직도 나는 매년 적어도 한번은 곧잘 심한 병에 걸린다. 독감 예방 주사는 당신이 감기에 걸릴 확률을 90% 까지 줄여주지만, 당신은 거기서 멈출 필요가 없다. 당신은 몇 가지 단순한 규칙을 따름으로써 건강할 수 있는 확률을 상당히 높일 수 있다.

첫 번째, 당신은 자신이 직면해 있는 것을 알아야할 필요가 있다. 감기 뿐 아니라, 평균적인 성인은 일 년에 한 가지에서 세 가지에 이르는 호흡기 질환으로 고통을 당하는데, 거의 그것들은 전부 바이러스에 의해 일어나며, 그것들 대부분은 더 서늘한 달에 일어난다. 추운 날씨는 또한 나쁜 종류의 습관들 - 파티에 너무 열중하는 것에서부터 운동하는 일상을 빠뜨리는 것에 이르기까지 - 을 갖도록 만드는 경향이 있는데, 그것들은 우리의 몸을 더 감염에 걸리기 쉽게 만든다.

물론 우리가 감기에 걸리는 이유가 직접적으로 추운 날씨와 관련된 것은 아니다. 그것은 우리가 다른 사람들과 또 그들의 세균과 실내에서 더 많은 시간을 보내기 때문이다. 만약 당신이 정말로 또 다른 감기에 걸려서 고통받고 싶지 않다면, 당신은 다른 사람들과의 모든 접촉 뿐 아니라 그들이 만진 것도 모두 피해야 할 것이다. 그리고 당신은 의례적인 악수와 뺨에 하는 가벼운 키스도 확실히 포기해야 할 것이다. 이유는? 독감을 일으키는 바이러스를 포함해서 호흡기 바이러스는 매우 전염성이 강하고, 피부나 가구, 문 손잡이 등과 같은 것들 위에서 수 시간동안 살아남기 때문이다.

Smart TOEIC

1. There's more to protecting yourself ____ just getting a flu shot.

   (A) as
   (B) but
   (C) than
   (D) too

2. In addition to the flu, the average adult suffers anywhere from one to three respiratory illnesses a year, nearly all of them ____ by viruses and most of them occurring in the cooler months.

   (A) cause
   (B) caused
   (C) causing
   (D) have caused

3. Cold weather also tends to bring ____ the kind of bad habits - from overindulging at parties to letting exercise routines slide - that make the body more susceptible to infection.

   (A) on
   (B) in
   (C) to
   (D) out

Smart TOEIC

1. 독감 예방 주사를 한번 맞는 것보다 더 자신을 보호할 수 있는 것이 있다.

   (A) as   (B) but   (C) than   (D) too

2. 감기 뿐 아니라, 평균적인 성인은 일 년에 한 가지에서 세 가지에 이르는 호흡성 질병으로부터 고통을 당하는데, 거의 그것들은 전부 바이러스에 의해 일어나며, 그것들 대부분은 더 서늘한 달에 일어난다.

   (A) cause   (B) caused   (C) causing   (D) have caused

3. 추운 날씨는 또한 나쁜 종류의 습관들 - 파티에 너무 열중하는 것에서부터 운동하는 일상을 빠뜨리는 것에 이르기까지 - 을 갖도록 만드는 경향이 있는데, 그것들은 우리의 몸을 더 감염에 걸리기 쉽게 만든다.

   (A) on   (B) in   (C) to   (D) out

   1.(C) 2.(B) 3.(D)

Smart Vocabulary

get(fall) sick 병들다   sniffle 코를 킁킁거림; 코감기
manage to ~을 그럭저럭 해내다, 곧잘 ~하다   contract (병에) 걸리다
nasty (병 따위가) 심한   bug 병, (특히) 전염병   odds 가능성(性), 확률
be up against ~에 직면하여(부닥쳐) 있다   respiratory 호흡(성)의
overindulge 너무 열중하다   susceptible ~에 걸리기[영향받기] 쉬운
infection 전염, 감염   germ 세균, 병균   contact 접촉   abandon 단념하다, 그만두다
ritual 의식의   handshake 악수   peck (내키지 않는) 가벼운 키스   contagious 전염성의
doorknob 문 손잡이   and the like ~ 따위 (etc. 보다 격식차림 말씨)

If you're not ready to become a hermit or a germophobe, you can do what we doctors do before we meet a patient: lather up. "Good hand washing will do more to prevent the spread of illness and respiratory infections than anything else," says Dr. Carolyn C. Lopez, of the American Academy of Family Physicians. Although recent studies have found no difference in the effectiveness of alcohol-based gels, antibacterial soaps or plain soap and water, my vote still goes to the alcohol gels. They're much easier to carry around and, unlike antibacterials, they won't foster the development of resistant germs.

Some people swear by humidifiers, believing that they help prevent cracks in the dried-out lining of the nostrils that can let germs in. But if you use a humidifier, be sure to refill it daily with distilled water, as it can harbor bacteria. And you should be aware that too much humidity can make you more susceptible to viruses.

Family get-togethers and holiday parties can also be hazardous to your health. Try to stick to your regular sleep routine, and if you must drink alcohol, do so in moderation and follow it with plenty of water. Lack of sleep and dehydration both tend to suppress your body's natural abilities to fight off illness.

Of course, you could do everything right and still get sick. Prescription drugs like Tamiflu and Relenza can shorten flu infections by a day if you start taking them within 48 hours after symptoms appear. (Their greatest benefit may arise when others take them to keep from catching your flu.) There's some evidence that 1,000 mg of vitamin C may act like an antihistamine and lessen the severity of cold symptoms. Chicken soup is still a great way to get your liquids, but make sure it's clear, not creamy, or you could end up irritating your intestinal lining. If all else fails, just remember that warmer weather is right around the corner.

만약 당신이 수행자나 병균을 두려워하는 사람이 될 준비가 되어있지 않다면, 당신은 우리 의사들이 환자를 만나기 전에 하는 것을 할 수 있다: 비누로 깨끗이 씻는 것이다. 미국 가정 의학 학회의 Dr. Carolyn C. Lopez 는 "손을 잘 씻는 것은 다른 어떤 것보다도 질병과 호흡기 감염의 확산을 예방하기 위해 더 많은 것을 할 것이다"라고 말한다. 비록 최근의 연구가 알코올 기반의 겔과 항균성 비누나 보통 비누와 물의 효과에 차이가 없다는 것을 발견했을지라도, 나는 알코올 기반의 겔에 한 표를 던지겠다. 그것들은 갖고 다니기에 훨씬 더 쉽고, 또 항균성 비누와 달리, 그것들은 내성이 있는 세균의 성장을 촉진하지 않을 것이다.

어떤 사람들은 가습기를 잘 알고 있고, 그 가습기가 세균을 들어올 수 있게 하는 콧구멍의 메마른 안쪽에 틈이 생기는 것을 예방하는데 도움이 된다고 믿는다. 그러나 만약 당신이 가습기를 사용한다면, 가습기가 박테리아를 증식시킬 수 있기 때문에 매일 증류수로 그것을 채워놓도록 해야 한다. 그리고 너무 많은 습도는 당신을 바이러스에 더 쉽게 걸리게 할 수 있다는 것을 알아야 한다.

가족 모임과 휴일의 파티 또한 당신의 건강에 위험할 수 있다. 당신의 정상적인 수면 리듬을 지키려고 노력하고, 그리고 만약 술을 마시게 된다면, 적당히 그리고 많은 물을 마시도록 하라. 수면 부족과 탈수 둘 다 질병과 싸우려는 몸의 타고난 능력을 억누르는 경향이 있다.

물론, 당신은 모든 것을 잘 할 수 있지만, 여전히 병에 걸린다. 만약 당신이 독감 증상이 나타난 후 48 시간 이내에 Tamiflu 와 Relenza 와 같은 약을 먹기 시작한다면, 이 약들을 처방하는 것은 독감 감염을 하루쯤 줄여줄 수 있다. (다른 사람들이 당신의 독감을 옮는 것을 막기 위해 이 약을 복용할 때 가장 큰 이점이 나타날 것이다.) 비타민 C 1,000 mg 이 항히스타민제처럼 작용하고 추운 증상의 심각함을 줄여준다는 증거가 있다. 닭고기 수프가 여전히 당신의 수분을 보충하는 좋은 방법이지만, 크림 같아서는 안되고 맑은 액체여야 한다. 그래야 당신의 장의 안쪽에 염증을 일으키는 것을 끝낼 수 있다. 만약 그 밖의 모든 시도가 실패한다면, 더 따뜻한 날씨가 다가오고 있다는 것을 기억하라.

Smart TOEIC

1. And you should be aware that too____humidity can make you more susceptible to viruses.

    (A) those
    (B) a few
    (C) many
    (D) much

2. Prescription drugs like Tamiflu and Relenza can shorten flu infections by a day if you start____them within 48 hours after symptoms appear.

    (A) taking
    (B) making
    (C) keeping
    (D) getting

3. If all else fails, just remember that warmer weather is right_____the corner.

    (A) in
    (B) around
    (C) over
    (D) on

Smart TOEIC

1. 그리고 너무 많은 습도는 당신을 바이러스에 더 쉽게 걸리게 할 수 있다는 것을 알아야 한다.

   (A) those   (B) a few   (C) many   (D) much

2. 만약 당신이 독감 증상이 나타난 후 48 시간 이내에 Tamiflu 와 Relenza 와 같은 약을 먹기 시작한다면, 이 약들을 처방하는 것은 독감 감염을 하루쯤 줄여줄 수 있다.

   (A) taking   (B) making   (C) keeping   (D) getting

3. 만약 그 밖의 모든 시도가 실패한다면, 더 따뜻한 날씨가 다가오고 있다는 것을 기억하라.

   (A) in   (B) around   (C) over   (D) on

   1.(D) 2.(A) 3.(B)

Smart Vocabulary

hermit 수행자(修行者); 은자(anchorite)   germophobe 병균을 두려워하는 사람
lather 비누 거품을 칠하다   spread 전파; 만연   effectiveness 효과, 효력
antibacterial 항균(성)의   foster 육성(촉진, 조장)하다   resistant 내성(耐性)이 있는
swear by ~을 분명히 알고 있다, ~을 깊이 신뢰하다   humidifier 가습기
crack 갈라진 금, 틈; 쇠약, 결함   nostril 콧구멍   distill 증류하다
harbor 잠시 묵다; 숨다, 잠복하다   get-together 모임, 회의   hazardous 위험한
stick 달라붙다, 꾸준히 하다   moderation 적당, 절제   in moderation 적당히, 적절히
dehydration 탈수(증)   suppress 억누르다   prescription 처방   symptom 증상   benefit 이익
antihistamine 항히스타민제   lessen 작게[적게] 하다, 줄이다   severity 엄격, 가혹
liquid 액체   end up 끝내다   irritate ~에 염증을 일으키게 하다
intestinal 장(腸)[창자]의   around the corner 바로 근처에

5. Relearning to Pack

How to keep the new bag-screening rules from holding up your next trip

By SALLY B. DONNELLY

Whatever your final destination, your next airplane trip begins in your bedroom. This month's federal takeover of baggage screening means travelers to the U.S. need to relearn how to pack their bags and plan everything from the layout of their suitcases to the sizes of the books they take.

The new procedures, carried out by the U.S. Transportation Security Administration (TSA), require that all checked bags be screened for explosives. (Before Sept. 11, fewer than 5% of bags were searched for bombs.) On the surface, most of America's 442 airports look largely the same as they did before the Dec. 31 deadline, and much of the bomb screening will be done as it was previously - out of the sight of passengers. The security checkpoints - where passengers walk through metal detectors and put their carry-ons into X-ray machines - won't change.

The new requirements include putting bags through the huge explosive- detection-system (EDS) machines that travelers have seen at U.S. airports for years. But for the first time on a wide scale, checked bags will also be opened and hand-searched by a TSA employee or examined with the help of an explosive-trace-detection device, which often requires opening the bag as well. In addition, the TSA is using bomb-sniffing dogs and a system called bag matching, which actually does nothing to detect explosives but merely makes sure that if a passenger misses a flight, his or her bag will be held.

5. 짐 싸는 것을 다시 배우기

새로운 가방 검색 규칙들이 당신의 다음 여행을 방해하지 못하도록 하는 방법

By Sanjay Gupta

당신의 최종 목적지가 어디이든지간에, 당신의 다음 비행기 여행은 침실에서 시작된다. 이번 달 연방 정부가 수하물 검색을 떠맡는 것은 미국으로 가는 여행자들이 가방을 싸는 방법 과 가방의 배치에서부터 가져가는 책의 사이즈에 이르기까지 모든 것을 계획하는 것을 다시 배워야 할 필요가 있다는 것을 의미한다.

미국의 교통안전청(Transportation Security Administration)에 의해 수행되는 새로운 절차는 모든 검색된 가방들은 폭발물 검색을 해야 할 것을 요구한다. (9월 11일 이전에, 가방의 5% 이하만 폭발물 검색을 했다.) 표면적으로, 미국의 442개의 공항 대부분은 대체로 12월 31일 최종 기한 전에 했던 것과 똑같은 것처럼 보인다. 많은 폭발물 검색이 이전에 했던 것처럼 승객들이 보지 않는 곳에서 이루어질 것이다. 검색 지점 – 승객들이 금속 탐지기를 통과해서 걸어가고 그들의 소지품을 엑스레이 기계에 놓는 곳 – 은 바뀌지 않을 것이다.

새로운 요구는 가방을 거대한 폭발물 탐지 시스템 (EDS) 기계에 놓는 것인데, 이 기계는 여행자들이 수년 동안 미국의 공항에서 본 것이다. 그러나 처음 대규모로, 검색된 가방은 TSA 직원이 열어서 손으로 검색할 수 있고, 또는 폭발물 추적 탐지 장치의 도움을 받아 검색할 수 있는데, 이 역시 가방을 열어볼 곳을 요구한다. 덧붙여서, TSA 는 폭발물 탐지견과 가방 대조라 는 시스템을 사용하는데, 이 시스템은 실제로 폭발물을 탐지하는 것이 아니라 단지 승객이 항공편을 놓쳤을 때 그 승객의 가방을 보관하는 것을 확실하게 하려는 것이다.

Smart TOEIC

1. How to keep the new bag-screening rules from____up your next trip.

    (A) hold
    (B) held
    (C) holding
    (D) to hold

2. This month's federal takeover of baggage screening means travelers to the U.S. need to relearn how to pack their bags and plan everything from the layout of their suitcases to the sizes of the books____take.

    (A) it
    (B) he
    (C) she
    (D) they

3. The new procedures, carried out by the U.S. Transportation Security Administration require that all checked bags____screened for explosives.

    (A) be
    (B) is
    (C) are
    (D) should

Smart TOEIC

1. 새로운 가방 검색 규칙들이 당신의 다음 여행을 방해하지 못하도록 하는 방법

   (A) hold   (B) held   (C) holding   (D) to hold

2. 이번 달 연방 정부가 수하물 검색을 떠맡는 것은 미국으로 가는 여행자들이 가방을 싸는 방법 과 가방의 배치에서부터 가져가는 책의 사이즈에 이르기까지 모든 것을 계획하는 것을 다시 배워야 할 필요가 있다는 것을 의미한다.

   (A) it   (B) he   (C) she   (D) they

3. 미국의 교통안전청(Transportation Security Administration)에 의해 수행되는 새로운 절차는 모든 검색된 가방들은 폭발물 검색을 해야 할 것을 요구한다.

   (A) be   (B) is   (C) are   (D) should

   1.(C) 2.(D) 3.(A)

Smart Vocabulary

pack 싸다, 꾸리다   hold up 가로막다, 방해하다   destination 목적지
federal 연방(정부)의   takeover 관리권(지배권, 소유권)의 취득   layout 배치, 설계
procedure 순서, (진행·처리의) 절차   transportation 운송, 수송   security 안전
administration 행정기관   explosive 폭약; 폭발성 물질   bomb 폭탄
detector 탐지기, 검파기   carry-on (비행기내로) 휴대할 수 있는 소지품
requirement 요구, 필요, 필요조건

The TSA does offer travelers advice on navigating the new security system. Its suggestions include not locking your bag, since the TSA will break the lock if it has to; not packing any food or beverages (chocolate in particular can mimic the characteristics of explosives in the EDS machines); putting shoes on top so that they can be removed and searched easily; spreading books out and not stacking them on top of one another (stacked books are too dense for the EDS to "see" through and might trigger an alert!); and putting all sharp items in a checked bag, not a carry-on.

The advice of most travel experts boils down to two words: Ziploc bags. If you don't want a TSA employee handling your intimate apparel and your toothbrush, put them in a sealable clear plastic bag. The fastidious may want to put everything - individually - in clear plastic bags. And those who value their belongings need to make a complete list of items and their value, because the TSA does not yet have a formal policy for handling claims of damage or theft, although it does have a complaint line in the U.S.(1-866-289-9673).

The other new requirement: patience. The thousands of TSA employees, who can be identified by their white shirts and TSA emblems, are still learning how to work the system. Once airline travel begins to pick up again, the new security system will face stiffer challenges and possibly longer lines. My advice; take less stuff. A lot less.

TSA는 여행자들에게 새로운 보안 시스템을 통과하는 것에 대해 충고한다. TSA의 제안은 당신의 가방을 잠그지 않는 것이다. 왜냐하면 TSA가 자물쇠를 열어야 한다면 그렇게 할 것이기 때문이다. 그 다음으로 음식이나 음료를 짐에 넣지 말고 (특히 초콜릿은 EDS 기계에서 폭발물의 특징과 흡사하다), 신발을 짐 위에 넣으면 쉽게 꺼내서 검색할 수 있고, 책을 쌓아놓지 말고 펼쳐놓고 (쌓아놓은 책은 EDS가 투사하기에는 너무나 밀집되어 있어서 주의를 야기할 수 있다), 모든 날카로운 물건들은 검색된 가방에 넣어야 하며 그것을 갖고 탑승해서는 안된다.

대부분 여행 전문가들의 충고는 지퍼락(윗부분을 지퍼처럼 잠그게 되어 있는 식품 보관용 비닐봉지)이라는 두 단어로 요약할 수 있다. 만약 TSA 직원이 당신의 속옷이나 칫솔을 검색하는 것을 원하지 않는다면, 그것들을 봉할 수 있고 투명한 비닐 백에 넣으시오. 까다로운 사람들은 – 개인적으로 – 모든 것을 투명한 비닐 백에 넣기를 원할지도 모른다. 소지품을 중요하게 생각하는 사람들은 물건들의 모든 목록과 가격을 기록할 필요가 있다. 왜냐하면 TSA는 미국에서 불평을 제기하는 전화번호를 갖고 있지만, 아직은 손상이나 절도의 요구를 다루는 공식적인 정책을 갖고 있지 않기 때문이다.

나머지 새로운 요구사항은 인내심이다. 하얀 셔츠와 TSA 상징으로 식별할 수 있는 수많은 TSA 직원들은 그 시스템을 어떻게 작동하는지를 아직도 배우고 있다. 만약 비행기로 여행하려고 한다면, 새로운 보안 시스템은 더 어려운 도전과 아마도 더 긴 줄에 직면할 것이다. 나의 충고는 짐을 덜 갖고 가는 것이다. 그것도 아주 적게 갖고 가는 것이다.

Smart TOEIC

1. The advice of most travel experts_____down to two words: Ziploc bags.

    (A) boils
    (B) boil
    (C) has boil
    (D) had boiled

2. And those who value their belongings need to make a complete list of items and their value, because the TSA does not yet have a formal policy for handling claims of damage or theft, although it___have a complaint line in the U.S.(1-866-289-9673).

    (A) do
    (B) does
    (C) did
    (D) done

3. The thousands of TSA employees, who can be____by their white shirts and TSA emblems, are still learning how to work the system.

    (A) identify
    (B) identified
    (C) has identified
    (D) had identified

Smart TOEIC

1. 대부분 여행 전문가들의 충고는 지퍼락(윗부분을 지퍼처럼 잠그게 되어 있는 식품 보관용 비닐봉지)이라는 두 단어로 요약할 수 있다.

   (A) boils   (B) boil   (C) has boil   (D) had boiled

2. 중요하게 생각하는 사람들은 물건들의 모든 목록과 가격을 기록할 필요가 있다. 왜냐하면 TSA 는 미국에서 불평을 제기하는 전화번호를 갖고 있지만, 아직은 손상이나 절도의 요구를 다루는 공식적인 정책을 갖고 있지 않기 때문이다.

   (A) do   (B) does   (C) did   (D) done

3. 하얀 셔츠와 TSA 상징으로 확인할 수 있는 수많은 TSA 직원들은 그 시스템을 어떻게 작동하는지를 아직도 배우고 있다.

   (A) identify   (B) identified
   (C) has identified   (D) had identified

   1.(A) 2.(B) 3.(B)

Smart Vocabulary

navigate 항행하다, 통과하다   suggestion 제안, 제의
beverage (보통 물 이외의) 마실 것, 음료   mimic 흉내내다; 흡사하다
characteristic 특징; 특성   remove ~을 옮기다, ~을 제거하다   search 찾다   spread 펴다, 펼치다   stack 치쌓다, 산더미처럼 쌓아올리다
trigger (일련의 사건·반응 등을) 일으키다, 유발하다   alert 경계   boil down 요약하다
intimate 사사로운, 피부에 직접 입는   apparel 의복, 의상   sealable 봉인할 수 있는
fastidious 까다로운   claim 요구, 청구   damage 손해, 손상   theft 도둑질, 절도
patience 인내   identify (본인·동일물임을) 확인하다; (사람의 성명·신원, 물건의 명칭·분류·소속 따위를) 인지(판정)하다   emblem 상징, 표상(symbol)   stiff 어려운
stuff (막연히) 물건

6. Apples Can Be More Than Delicious

Newer and tastier varieties are giving chefs and consumers more choices

By LISA MCLAUGHLIN

The most popular fruit in North America, the apple, has been cultivated for more than 3,000 years and has been historically important in numerous ways. Newlyweds in the 7th century B.C. shared an apple as a symbol of a fruitful union; Aphrodite, the Greek goddess of love, was frequently represented holding an apple; and, of course, the apple was the forbidden fruit that got Adam and Eve expelled. But in the past few decades, in the U.S. at least, the apple has been trying to get back into our good graces.

Even though there are more than 7,000 types of apples in the world, only about 100 kinds are grown commercially on any significant scale in the U.S. The most popular variety has traditionally been the crunchy Red Delicious, which accounts for about 40% of apple sales in America. Originally it was a fine, tasty fruit, but as it grew more popular, it began to be mass produced more for looks and hardiness than for tastiness.

In response to the pleas of consumers and chefs who demand more flavor from their fruit, the Delicious is being slowly replaced by newer strains of apples - such as the Braeburn Pink Lady and Cameo - that not only look pretty but also taste good. Says Anna Maenner, executive director of the Wisconsin Apple Growers Association: "Every couple of years, there's a new variety that's coming out."

6. 사과는 맛있는 것 이상일 수 있다

더 새롭고 더 맛있는 품종의 사과들이 요리사들과 소비자들에게 더 많은 선택을 주고 있다

By LISA MCLAUGHLIN

북미에서 가장 인기있는 과일인 사과는 3천 년 이상 동안 재배되어왔고, 역사적으로 수많은 방식으로 중요했다. 기원전 7세기 새로 결혼한 사람들은 열매를 맺는 결합의 상징으로 사과를 공유했다. 그리스의 사랑의 여신인 Aphrodite 는 종종 사과를 손에 갖고 있는 모습으로 그려진다. 그리고 물론 사과는 아담과 이브를 추방시킨 금단의 열매이다. 그러나 지난 몇 십 년 동안, 적어도 미국에서, 사과는 우리의 좋은 매력을 가진 과일로 다시 돌아오려고 한다.

심지어 전 세계에서 7000 종류 이상의 사과가 있을지라도, 단지 약 100 종류의 사과들이 미국에서 상당한 규모로 상업적으로 재배된다. 가장 인기있는 품종은 전통적으로 퍼석퍼석한 Red Delicious 이며, 이 사과는 미국에서 사과 판매의 약 40 퍼센트를 차지한다. 원래 사과는 좋고 맛있는 과일이지만, 사과가 더 인기가 있어짐에 따라, 사과는 맛 보다는 모양과 내구력을 위해 대량 생산되기 시작했다.

과일에서 더 좋은 맛을 요구하는 소비자들과 요리사들의 청원에 대한 응답으로서, Red Delicious 는 더 새로운 사과 품종인 Braeburn Pink Lady 와 Cameo 으로 천천히 대체되어 가고 있으며, 이 새로운 품종의 사과들은 보기에도 좋을 뿐만 아니라 맛도 좋다. Wisconsin Apple Growers Association 의 전무이사인 Anna Maenner 는 "매 2년 마다, 새로운 품종이 나오고 있습니다."라고 말한다.

Smart TOEIC

1. The most popular fruit in North America, the apple,_____for more than 3,000 years and has been historically important in numerous ways.

   (A) cultivating
   (B) cultivated
   (C) has been cultivated
   (D) have been cultivating

2. But in the past few decades, in the U.S. at least, the apple_____to get back into our good graces.

   (A) trying
   (B) tried
   (C) has been tried
   (D) has been trying

3. Even though there are more than 7,000 types of apples in the world, only about 100 kinds are grown_____on any significant scale in the U.S.

   (A) commerce
   (B) commercial
   (C) commerciality
   (D) commercially

Smart TOEIC

1. 북미에서 가장 인기있는 과일인 사과는 3천 년 이상 동안 재배되어왔고, 역사적으로 수 많은 방식으로 중요했다.

   (A) cultivating (B) cultivated
   (C) has been cultivated (D) have been cultivating

2. 그러나 지난 몇 십 년 동안, 적어도 미국에서, 사과는 우리의 좋은 매력을 가진 과일로 다시 돌아오려고 한다.

   (A) trying (B) tried
   (C) has been tried (D) has been trying

3. 심지어 전 세계에서 7000 종류 이상의 사과가 있을지라도, 단지 약 100 종류의 사과들이 미국에서 상당한 규모로 상업적으로 재배된다.

   (A) commerce (B) commercial
   (C) commerciality (D) commercially

   1.(C) 2.(D) 3.(D)

Smart Vocabulary

variety 품종, 변종 chef 요리사; 주방장 consumer 소비자 cultivate 재배하다
represent 묘사하다, 그리다 forbid 금지하다 expel 추방하다
grace (pl.) 미점, 매력, 장점. (식전 · 식후의) 감사기도 significant 중요한, 의미심장한
crunchy 퍼석퍼석한, 무른(crisp) hardiness 내구력, 꿋꿋함

Some types, like the Winesap and the Maiden Blush, are antique apples with long histories. Others have become popular in recent years, like the pinkish-orange Gala, which was created by horticulturists in New Zealand who blended Golden Delicious with Kidd's Orange Red, an apple that itself is a hybrid of the British Cox's Orange Pippin and a Red Delicious. Japanese breeders crossed a Red Delicious with an heirloom variety called Ralls Janet to create the superlarge, supersweet Fuji, which ranks fifth in sales among those grown in the U.S.

Apple aficionados are seeking out the Honeycrisp, a progeny of the Macoun and Honeygold. Growers and eaters consider Honeycrisp the new star of the apple world. Applejournal.com is enthusiastic about its "crisp, dense, juicy, flesh that seems to explode in the mouth, and a wonderful balance of tart and sweet flavors." And these new breeds are already spawning their own offspring, such as the trendy Jazz, another New Zealand creation, which was bred from the fashionable Gala and the tasty Braeburn.

As the season turns, specialty apples will get harder to find in most stores, so if you want to try one, act soon. You may not get another bite at the apple this season.

Winesap 과 Maiden Blush 와 같은 품종들은 오랜 역사를 지진 사과이다. 핑크색 오렌지 Gala 와 같은 다른 품종들은 최근에 인기가 있게 되었고, 이 품종은 New Zealand에서 원예가들이 Golden Delicious 와 Kidd's Orange Red 를 혼합해 만들었고, Kidd's Orange Red 는 그 자체가 영국의 Cox's Orange Pippin 와 Red Delicious를 혼합한 사과이다. 일본의 품종 개량가들은 매우 크고, 매우 달콤한 Fuji 를 만들어내기 위하여 Red Delicious 와 Ralls Janet 이라고 불리는 가보와도 같은 품종을 혼합하였고, Fuji 는 미국에서 재배되는 사과들 가운데 판매량에서 다섯 번째를 차지한다.

사과를 좋아하는 사람들은 Macoun 과 Honeygold 를 혼합해서 만든 품종인 Honeycrisp 를 찾고 있다. 사과를 재배하는 사람들과 소비자들은 Honeygold를 사과 세계의 새로운 별이라고 생각한다. Applejournal.com 은 "파삭파삭하고, 밀도가 높고, 즙이 많은 사과가 입 속에서 폭발하는 것 같고, 신 맛과 단 맛의 놀라운 균형"에 대해 열광한다. 그리고 이들 새로운 품종들은 그들 자신의 후손을 벌써 대량 생산하고 있는데, 예를 들어 또 다른 New Zealand 품종인 최신 유행의 Jazz 는 유행하는 Gala 와 맛있는 Braeburn을 혼합하여 만들어진 것이다.

계절이 바뀜에 따라, 특제품 사과는 대부분의 가게에서 찾아보기가 더 어려워질 것이다. 그래서 만약 당신이 사과를 먹어보고 싶다면, 곧 행동하세요. 당신은 이번 계절에 사과를 한 입 더 먹어볼 수 없을지도 모른다.

Smart TOEIC

1. In response to the pleas of consumers and chefs who____more flavor from their fruit, the Delicious is being slowly replaced by newer strains of apples - such as the Braeburn Pink Lady and Cameo - that not only look pretty but also taste good.

   (A) demand
   (B) demands
   (C) demanded
   (D) demanding

2. Others have become popular in recent years, like the pinkish-orange Gala, which was created by horticulturists in New Zealand____blended Golden Delicious with Kidd's Orange Red, an apple that itself is a hybrid of the British Cox's Orange Pippin and a Red Delicious.

   (A) where
   (B) who
   (C) which
   (D) what

3. Japanese breeders crossed a Red Delicious____an heirloom variety called Ralls Janet to create the superlarge, supersweet Fuji, which ranks fifth in sales among those grown in the U.S.

   (A) in
   (B) on
   (C) with
   (D) to

Smart TOEIC

1. 과일에서 더 좋은 맛을 요구하는 소비자들과 요리사들의 청원에 대한 응답으로서, Red Delicious 는 더 새로운 사과 품종인 Braeburn Pink Lady 와 Cameo 으로 천천히 대체되어 가고 있으며, 이 새로운 품종의 사과들은 보기에도 좋을 뿐만 아니라 맛도 좋다.

   (A) demand   (B) demands   (C) demanded   (D) demanding

2. Gala 와 같은 다른 품종들은 최근에 인기가 있게 되었고, 이 품종은 New Zealand에서 원예가들이 Golden Delicious 와 Kidd's Orange Red 를 혼합해 만들었고, Kidd's Orange Red 는 그 자체가 영국의 Cox's Orange Pippin 와 Red Delicious를 혼합한 사과이다.

   (A) where   (B) who   (C) which   (D) what

3. 일본의 품종 개량가들은 매우 크고, 매우 달콤한 Fuji 를 만들어내기 위하여 Red Delicious 와 Ralls Janet 이라고 불리는 가보와도 같은 품종을 혼합하였고, Fuji 는 미국에서 재배되는 사과들 가운데 판매량에서 다섯 번째를 차지한다.

   (A) in   (B) on   (C) with   (D) to

   1.(A) 2.(B) 3.(C)

Smart Vocabulary

plea 탄원, 청원   strain 변종, 품종   executive director 전무이사   association 협회
antique 고대의   horticulturist 원예가   hybrid 잡종, 혼성물
breeder 양육(사육)자; 품종 개량가   cross (동식물을) 교잡하다(with)
heirloom 조상 전래의 가재(家財)(가보)   aficionado 열성가, 팬, 애호가
progeny 자손; 결과 소산   enthusiastic 열성적인   crisp 파삭파삭한
dense 밀도가 높은   explode 폭발하다   tart 시큼한   breed 종류; 품종
spawn 대량 생산하다   offspring 자손; 결과   trendy 최신 유행의
fashionable 유행하는   bite 한번 깨묾, 한 입

7. A Healthy Cup of Joe?

As more foods tout extra nutrients, here comes coffee with a realpick-me-up.

By LISA MCLAUGHLIN

For most people, the function of coffee is simply to deliver a morning wake-up jolt. But a new coffee aims to turn this ritual into a more healthful habit. J.O.E. (Java of Evolution), by Jeremiah's Pick Coffee, is the first " functional" coffee to reach the market. Functional foods, or nutraceuticals, as they are sometimes called, are ordinary products (sodas, cereals, soups and even chewing gum) that have been fortified with extra vitamins, herbs or minerals. They are one of the fastest-growing areas of the food industry. From relative obscurity a decade ago these foods have gone to a $50 billion business today, according to *Nutrition Business Journal.* The jury is still out on whether these fortified foods are actually more healthful than their ordinary equivalents. Legally, functional foods don't have to be tested; they just have to contain added vitamins, herbs or minerals. Jeremiah's Pick has mixed herbs and coffee before, with Powercafe, an organic coffee combined with energizing yerba mate. But J.O.E takes the concept further in four versions. GO J.O.E. combines coffee with five types of ginseng and is meant to increase energy levels. KNOW J.O.E. offers ginko biloba, which purportedly can improve memory. SLOW J.O.E. has calming lavender and chamomile. There's also CoCo J.O.E. - because who doesn't feel better after a little chocolate?

7. 건강한 Joe 커피 한잔?

　더 많은 음식들이 추가 영양소를 광고할 때, 여기 진짜 마시고 싶은 커피가 나왔다.

By LISA MCLAUGHLIN

　대부분의 사람들에게, 커피의 기능은 단지 아침에 잠을 깨우는 한 모금을 전달하는 것이다. 그러나 새로운 커피는 이러한 의례적인 일을 더 건강한 습관으로 바꾸는데 목적이 있다. Jeremiah 의 Pick Coffee 가 만든 J.O.E. (진화의 Java) 는 시장에 출시된 첫 번째 기능성 커피이다. 때때로 약효식품들이라고 불리는 기능성 식품들은 일상적인 제품 (소다, 씨리얼, 스프, 그리고 심지어 씹는 껌) 들로서 추가의 비타민, 약초, 미네랄이 강화되었다. 이들은 음식 산업의 가장 빠르게 성장하는 영역들 중의 하나이다. *Nutrition Business Journal* 에 따르면, 10 년 전 상대적으로 알려지지 않았던 이들 음식들은 오늘날 500 억 달러의 사업으로 성장했다. 이러한 첨가된 음식들이 실제로 그들의 일상적인 음식보다 더 건강한지 아닌지에 대해서는 아직 결론이 나오지 않고 있다. 법적으로, 기능성 음식들은 시험을 받을 필요가 없다. 이들은 단지 추가된 비타민, 약초, 미네랄을 포함하고 있어야 한다. Jeremiah 의 Pick 은 이전에 약초와 커피를 활기를 북돋게 하는 마테차 나무와 결합된 유기농 커피인 Powercafe 와 섞어서 만들었다. 그러나 J.O.E 는 더 나아가 네 가지 형태의 개념을 생각한다. GO J.O.E. 는 커피와 다섯 가지 종류의 인삼을 섞어서 에너지의 수준을 증가시키려고 한다. KNOW J.O.E. 는 은행잎 추출물을 제공하며, 이는 소문에 의하면, 기억력을 향상시킬 수 있다. SLOW J.O.E. 는 진정시키는 라벤더와 카모마일을 갖고 있다. 또한 CoCo J.O.E. 가 있는데, 약간의 초콜릿을 먹은 후에 기분이 좋아지지 않을 사람이 없기 때문에.

Smart TOEIC

1. ___more foods tout extra nutrients, here comes coffee with a realpick-me-up.

   (A) Though
   (B) As
   (C) If
   (D) Whether

2. Functional foods, or nutraceuticals, as they are sometimes called, are ordinary products (sodas, cereals, soups and even chewing gum) that___with extra vitamins, herbs or minerals.

   (A) have fortified
   (B) has fortified
   (C) have been fortified
   (D) has been fortified

3. The jury is still out on ___these fortified foods are actually more healthful than their ordinary equivalents.

   (A) Though
   (B) As
   (C) If
   (D) Whether

Smart TOEIC

1. 더 많은 음식들이 추가 영양소를 광고할 때, 여기 진짜 마시고 싶은 커피가 나왔다

   (A) Though   (B) As   (C) If   (D) Whether

2. 때때로 약효식품들이라고 불리는 기능성 식품들은 일상적인 제품 (소다, 씨리얼, 스프, 그리고 심지어 씹는 껌) 들로서 추가의 비타민, 약초, 미네랄이 강화되었다.

   (A) have fortified   (B) has fortified
   (C) have been fortified   (D) has been fortified

3. 이러한 첨가된 음식들이 실제로 그들의 일상적인 음식보다 더 건강한지 아닌지에 대해서는 아직 결론이 나오지 않고 있다.

   (A) Though   (B) As   (C) If   (D) Whether

   1.(B) 2.(C) 3.(D)

Smart Vocabulary

tout 장점을 내세우다, 광고(홍보)하다   nutrient 영양소, 영양분   jolt 소량, 한 모금
ritual 의식과 같은(의례적인) 일   evolution 진화   nutraceutical 약효식품
herb 약초   fortify 강화하다, 첨가하다   obscurity 무명, 모호함   The jury is (still) out 평결은 아직 나오지 않고 있다, (~에 대해) 아직 결론(판정)이 나오지 않고 있다(on)
equivalent (~에) 상당(대응)하는 것   yerba mate 마테차 나무
energize 활기(기운)를 북돋우다   ginko biloba 은행잎 추출물
purportedly 소문에 의하면, 알려진 대로라면   calm 진정시키다

8. Dignitaries attend grand party for Mandela's 90th

Songs, laughter, teasing and tender words marked Nelson Mandela's 90th birthday celebration Saturday as presidents, village elders and African royalty joined him for a festive luncheon on his rural homestead.

The Nobel Peace Prize winner celebrated privately with his family in this rural southeastern village Friday, the day he turned 90. Saturday was a grand occasion, held in a tent outside his homestead in Qunu, 600 miles south of Johannesburg, where as a boy he herded cattle in the hills.

The anti-apartheid icon walked into the tent with his successor to the South African presidency, Thabo Mbeki, and African National Congress leader Jacob Zuma, stopping to personally greet some of the 500 guests as he made his way to the head table.

The guests, many dressed in traditional beaded cloths, animals skins and feather headdresses, stood and cheered while a Xhosa choir sang: "Here is our hope!"

Wearing an intricately patterned shirt in shades of brown, Mandela looked relaxed and cheerful as he listened attentively to the accolades being heaped on him.

8. 고위 인사들, 만델라의 90회 생일을 축하하기 위해 성대한 파티에 참석

　노래와 웃음소리와 장난스럽고 애정 어린 말들이 토요일 넬슨 만델라의 90번째 생일 축하 행사를 장식했고, 이날 대통령들과 마을의 원로들과 아프리카의 왕족들이 그의 시골 농장에서 열린 축하 오찬에서 그와 함께 했다.
　노벨 평화상 수상자는 그가 90세 되는 금요일, 이 남동쪽 시골 마을에서 그의 가족들과 개인적으로 생일을 축하했다. 토요일은 성대한 행사였는데, 그 행사는 그가 어린 시절에 언덕에서 소를 길렀던 곳인, 요하네스버그에서 남쪽으로 600마일 떨어진 쿠누에 있는 그의 농장 밖에 있는 텐트에서 열렸다.
　인종차별 반대 운동의 우상은 상석으로 가는 길에 500여명의 손님들 중 몇 사람에게 개인적으로 인사를 하기 위해 멈추면서, 그의 후임 남아프리카 대통령인 Thabo Mbeki 와 아프리카 민족회의의 지도자 Jacob Zuma 와 함께 텐트로 걸어 들어갔다.
　그 손님들 중 많은 사람들이 전통적인 구슬이 달린 옷을 입고 동물 가죽과 깃털 머리장식을 하고, Xhosa 족 합창대가 "여기에 우리의 희망이 있네!" 라는 노래를 하는 동안 일어나서 박수를 쳤다.
　갈색조의 복잡한 무늬의 셔츠를 입은 만델라는 그에게 쏟아지는 찬사들을 귀담아 듣는 동안 편안하고 즐거워 보였다.

Smart TOEIC

1. Saturday was a grand occasion,____in a tent outside his homestead in Qunu, 600 miles south of Johannesburg, where as a boy he herded cattle in the hills.

   (A) hold
   (B) held
   (C) holds
   (D) is held

2. The guests, many dressed____traditional beaded cloths, animals skins and feather headdresses, stood and cheered while a Xhosa choir sang: "Here is our hope!"

   (A) on
   (B) with
   (C) at
   (D) in

3. Wearing an intricately patterned shirt in shades of brown, Mandela looked relaxed and____as he listened attentively to the accolades being heaped on him.

   (A) cheer
   (B) cheers
   (C) cheerful
   (D) cheerfully

Smart TOEIC

1. 토요일은 성대한 행사였는데, 그 행사는 그가 어린 시절에 언덕에서 소를 길렀던 곳인, 요하네스버그에서 남쪽으로 600마일 떨어진 쿠누에 있는 그의 농장 밖에 있는 텐트에서 열렸다.

    (A) hold   (B) held   (C) holds   (D) is held

2. 그 손님들 중 많은 사람들이 전통적인 구슬이 달린 옷을 입고, 동물 가죽과 깃털 머리장식을 하고, Xhosa 족 합창대가 "여기에 우리의 희망이 있네!" 라는 노래를 하는 동안 일어나서 박수를 쳤다.

    (A) on   (B) with   (C) at   (D) in

3. 갈색조의 복잡한 무늬의 셔츠를 입은 만델라는 그에게 쏟아지는 찬사들을 귀담아 듣는 동안 편안하고 즐거워 보였다.

    (A) cheer   (B) cheers   (C) cheerful   (D) cheerfully

                                       1.(B) 2.(D) 3.(C)

Smart Vocabulary

dignitary (정부의) 고관   tease 애타게 하다, 괴롭히다, 놀리다   celebration 축하
royalty (보통 pl.) 왕족   homestead 부속 건물 · 농장이 딸린 농가(farmstead)
herd (소 · 돼지의 떼)모으다   apartheid (남아프리카 공화국의) 인종 격리 정책
successor 상속(계승)자, 후계(후임)자   accolade 칭찬, 양 볼에 하는 키스

Mbeki called Mandela a "great liberator." Zuma said the gathering was a celebration of "a life and legacy of a father, grandfather, comrade, warrior, soldier, nation builder and statesman."

Former Zambian President Kenneth Kaunda caught the festive mood with a tuneful solo of "Happy Birthday," followed by a teasing verse: "How old are you? State secret!" Then the 84-year-old Kaunda jogged over to shake Mandela's hand.

The event also marked the 10th anniversary of his marriage to child rights activist Graca Machel and - despite the large number of guests - had a feeling of an intimate family affair.

Flowers at the head table were arranged in vases of tin, a traditional material for 10th anniversary gifts, and the couple sat close together, nodding and clapping appreciatively as family members gave moving tributes.

"This birthday celebration is one of the very small ways that we as your family can show our love, respect and appreciation for all you have done," said one of Mandela's granddaughters, Nandi Mandela.

Machel's daughter Josina said the couple symbolized hope. "The two of you have taught us a lot about the virtues of love," she said.

Mbeki 는 Mandela 를 "위대한 해방자"라고 불렀다. Zuma 는 그 모임이 "아버지, 할아버지, 동지, 전사, 군인, 국가 설립자이자 정치인의 삶과 유산"을 축하하는 것이라고 말했다.

전 잠비아 대통령 Kenneth Kaunda 는 선율이 아름다운 "생일 축하" 독창곡으로 축제 분위기를 사로잡고, 이어서 장난기 어린 목소리로 "당신은 몇 살이시죠? 국가 기밀!"이라고 말했다. 그런 다음 84세의 Kaunda 는 만델라와 악수하기 위해 터벅터벅 걸어갔다.

그 행사는 또한 아동 인권 운동가인 Graca Machel 과의 결혼 10주년을 축하했는데, 많은 손님들에도 불구하고, 가까운 가족 모임 같은 느낌이 들었다.

헤드 테이블에는 10주년 기념 선물을 위한 전통적인 소재인 주석으로 된 꽃병에 꽃들이 장식되어 있었고, 부부는 가까이 앉아서, 가족들이 감동적인 찬사를 보내는 동안 감사하면서 고개를 끄덕이며 손뼉을 쳤다.

"이 생일 축하 행사는 그 동안 할아버지가 해오신 모든 일에 대해 우리가 가족으로서 사랑과 존경과 감사를 보여드리는 아주 작은 방법들 중의 하나예요"라고 Mandela 의 손녀인 Nandi Mandela 가 말했다.

Machel의 딸인 Josina 는 그 부부가 희망을 상징한다고 말했다. 그녀는 "두 분이 우리에게 사랑의 덕목에 대해서 많은 것을 가르쳐 주셨어요"라고 말했다.

Smart TOEIC

1. Former Zambian President Kenneth Kaunda caught the festive mood with a tuneful solo of "Happy Birthday," followed____a teasing verse: "How old are you? State secret!"

   (A) on
   (B) by
   (C) at
   (D) in

2. The event also marked the 10th anniversary of his marriage to child rights activist Graca Machel and -____the large number of guests - had a feeling of an intimate family affair.

   (A) for
   (B) because
   (C) despite
   (D) as

3. Flowers at the head table were____in vases of tin, a traditional material for 10th anniversary gifts, and the couple sat close together, nodding and clapping appreciatively as family members gave moving tributes.

   (A) arranges
   (B) arrange
   (C) arranging
   (D) arranged

Smart TOEIC

1. 전 잠비아 대통령 Kenneth Kaunda 는 선율이 아름다운 "생일 축하" 독창곡으로 축제 분위기를 사로잡고, 이어서 장난기 어린 목소리로 "당신은 몇 살이시죠? 국가 기밀!"이라고 말했다.

    (A) on   (B) by   (C) at   (D) in

2. 그 행사는 또한 아동 인권 운동가인 Graca Machel 과의 결혼 10주년을 축하했는데, 많은 손님들에도 불구하고, 가까운 가족 모임 같은 느낌이 들었다.

    (A) for   (B) because   (C) despite   (D) as

3. 헤드 테이블에는 10주년 기념 선물을 위한 전통적인 소재인 주석으로 된 꽃병에 꽃들이 장식되어 있었고, 부부는 가까이 앉아서, 가족들이 감동적인 찬사를 보내는 동안 감사하면서 고개를 끄덕이며 손뼉을 쳤다.

    (A) arranges   (B) arrange   (C) arranging   (D) arranged

1.(B) 2.(C) 3.(D)

Smart Vocabulary

legacy 유산   tuneful 선율이 아름다운   jog over 터벅터벅 걸어가다
clap 박수를 치다   tribute 찬사

In the climax of the afternoon, master of ceremonies and lawmaker Bantu Holomisa toasted the couple. "All of you join me in wishing them both all our love, happiness and long life," he said. "Long life!"

To the sound of ululating, Mandela was presented with an aluminum-bound album of family photographs and testimonials, compiled by his children and grandchildren.

Mandela beamed with pleasure as he and Machel eagerly tore off the wrappings and ribbons, surrounded by grandchildren who also assisted him in blowing out the candles on a large cake. The cake had nine gold candles to mark Mandela's birthday and 10 silver ones to mark the anniversary.

Eager to thank his guests, Mandela rose to his feet and spoke for a few minutes with his characteristic self-deprecating humor.

"As you know I am not a speaker at all, and I am not going to make any exception on this occasion, except to say thank you for all you have done for me," he said.

그날 오후 행사가 절정에 이르렀을 때, 사회자이자 국회의원인 Bantu Holomisa 가 이 부부를 위한 축배를 제의했다. 그가 "여러분 저와 함께 그들에게 우리의 모든 사랑과 행복과 장수를 기원합시다"라고 말했다. "만수무강하세요!"

외치는 소리에 맞추어, Mandela 는 그의 자녀들과 손주들이 편집한 알루미늄으로 장정된 가족사진 앨범과 감사 편지들을 선물 받았다. Mandela 는 큰 케이크에 있는 초를 불어서 끄는 것을 도운 손주들에 둘러싸여서 Machel과 함께 포장지와 리본을 뜯으며 만족하며 환하게 웃었다. 그 케이크에는 Mandela 의 생일을 표시하는 아홉 개의 금초와 결혼기념일을 의미하는 열 개의 은초가 꽂혀 있었다.

손님들에게 감사를 표현하기 위해서, Mandela 는 일어서서 몇 분 동안 그의 특징인 자기 비하적인 유머를 하면서 말했다.

그는 "여러분도 아시다시피 나는 전혀 연설을 잘 하는 사람이 아닙니다. 여러분이 나를 위해 해온 모든 것들에 감사하다고 말하는 것을 제외하고는, 나는 지금 이 경우에도 어떤 예외도 만들지 않겠습니다"라고 말했다.

Smart TOEIC

1. ___the sound of ululating, Mandela was presented with an aluminum-bound album of family photographs and testimonials, compiled by his children and grandchildren.

   (A) To
   (B) By
   (C) In
   (D) At

2. Mandela beamed with pleasure as he and Machel eagerly tore off the wrappings and ribbons, surrounded___grandchildren who also assisted him in blowing out the candles on a large cake.

   (A) to
   (B) in
   (C) at
   (D) by

3. Eager to thank his guests, Mandela rose___his feet and spoke for a few minutes with his characteristic self-deprecating humor.

   (A) to
   (B) in
   (C) at
   (D) by

Smart TOEIC

1. 외치는 소리에 맞추어, Mandela 는 그의 자녀들과 손주들이 편집한 알루미늄으로 장정된 가족사진 앨범과 감사 편지들을 선물 받았다.

   (A) To   (B) By   (C) In   (D) At

2. Mandela 는 큰 케이크에 있는 초를 불어서 끄는 것을 도운 손주들에 둘러싸여서 Machel과 함께 포장지와 리본을 뜯으며 만족해서 환하게 웃었다.

   (A) to   (B) in   (C) at   (D) by

3. 손님들에게 감사를 표현하기 위해서, Mandela 는 일어서서 몇 분 동안 그의 특징인 자기 비하적인 유머를 하면서 말했다.

   (A) to   (B) in   (C) at   (D) by

                              1.(A) 2.(D) 3.(A)

Smart Vocabulary

master of ceremonies 사회자   toast 건배, (~을 위해) 건배하다
ululate 울다, 울부짖다   beam 밝게 미소짓다   blow out 불어서 끄다
rise to his feet 일어서다   self-deprecating 자기 비하적인

Mandela was imprisoned for nearly three decades for his fight against apartheid. He was released in 1990 to lead negotiations that ended decades of racist white rule, then was elected president in South Africa's first democratic elections in 1994.

He completed his term in 1999 and did not run again, but has continued to take a leading role in the fight against poverty, illiteracy and AIDS in Africa. Age has slowed him in recent years, but many still remain in awe of his stamina. Just last month, he was the honored guest for a huge charity concert in London's Hyde Park.

"I would say that for a 90-year-old man who has been through what he has been through, he is in exceptional shape," one of his doctors, Peter Friedland, said at the party Saturday.

Mandela looked and sounded vigorous Friday when he gave a brief interview to a small group of reporters from The Associated Press and other media, his first such exchange in several years.

During Friday's interview, he expressed deep concern about the poverty that still grips wide swaths of South Africa and said the wealthy must do more.

While Saturday's occasion was celebratory, there were also a few somber moments.

Nandi Mandela called on her grandfather's fans to emulate him by "making a difference in your own communities."

"This is one of the gifts you can give him," she said as her grandfather nodded.

George Bizos, a lawyer who defended Mandela and other anti-apartheid leaders during the era of white rule, urged young and old to try and understand what his old friend stood for.

"It's the solution to the problems that are facing the country, facing the continent, facing the world," he said.

Mandela 는 인종차별에 대항한 투쟁으로 인해 거의 30년 동안 투옥되었다. 그는 1990년에 석방되자 수십 년 동안의 인종차별적인 백인 통치를 끝낸 협상을 이끌었고, 1994년 남아프리카의 첫 번째 민주적인 선거에서 대통령으로 당선되었다.

그는 1999년에 그의 임기를 끝냈고 다시 입후보하지 않았다. 그러나 그는 아프리카에서 빈곤과 문맹과 AIDS 와의 싸움에서 주도적인 역할을 계속 하고 있다. 최근 몇 년 동안 나이가 들어서 느려지기는 했지만, 많은 사람들이 아직도 그의 정력에 경외심을 갖고 있다. 바로 지난 달, 그는 런던의 하이드 파크에서 열린 큰 자선 음악회의 귀빈이었다.

"자신이 겪은 모든 일들을 겪어온 90세인 분 치고는 이 분은 매우 건강한 상태라고 말씀드리고 싶습니다."라고 그의 주치의 중의 한 명인 Peter Friedland 가 토요일 파티에서 말했다.

AP 통신 및 다른 언론매체의 소규모 기자 그룹과 짧은 인터뷰를 가진 금요일, 몇 년만에 처음 갖는 그런 대화에서 Mandela 는 건강하게 보였고 건강하게 말하는 것처럼 들렸다.

금요일의 인터뷰 동안, 그는 남아프리카 공화국의 넓은 땅을 아직도 움켜쥐고 있는 가난에 대해 깊은 우려를 표명했으며, 부자들이 더 많은 것을 해야 한다고 말했다.

토요일의 행사는 축하하는 분위기였던 반면에, 엄숙한 순간도 약간 있었다.

Nandi Mandela 는 그녀의 할아버지의 팬들에게 "여러분 자신의 지역 사회에 변화를 만들어내서" 그와 겨루어 달라고 부탁했다.

그녀의 할아버지가 고개를 끄덕이는 동안 그녀가"이것이 여러분이 그에게 줄 수 있는 선물 중 하나예요"라고 말했다.

백인 통치 기간 동안 Mandela 와 다른 인종 차별 반대 운동 지도자들을 변호했던 변호사인 George Bizos 는 노인들과 젊은이들에게 그의 오랜 친구가 대변했던 것을 이해하려고 노력해야 한다고 촉구했다.

그는 "그것이 이 나라와 이 대륙과 온 세계가 직면한 문제들에 대한 해결책입니다"라고 말했다.

Smart TOEIC

1. He completed his term in 1999 and did not run again, but has continued to take a leading role in the fight _____ poverty, illiteracy and AIDS in Africa.

    (A) in
    (B) by
    (C) at
    (D) against

2. "I would say that for a 90-year-old man who has been _____ what he has been through, he is in exceptional shape," one of his doctors, Peter Friedland, said at the party Saturday.

    (A) in
    (B) at
    (C) by
    (D) through

3. Mandela looked and sounded vigorous Friday when he gave a brief interview to a small group of reporters from The Associated Press and other media, his first such _____ in several years.

    (A) exchange
    (B) claim
    (C) injection
    (D) reduction

Smart TOEIC

1. 그러나 그는 아프리카에서 빈곤과 문맹과 AIDS 와의 싸움에서 주도적인 역할을 계속 하고 있다.

    (A) in　　　(B) by　　　(C) at　　　(D) against

2. "자신이 겪은 모든 일들을 겪어온 90세인 분 치고는 이 분은 매우 건강한 상태라고 말씀드리고 싶습니다."라고 그의 주치의 중의 한 명인 Peter Friedland 가 토요일 파티에서 말했다.

    (A) in　　　(B) at　　　(C) by　　　(D) through

3. AP 통신 및 다른 언론매체의 소규모 기자 그룹과 짧은 인터뷰를 가진 금요일, 몇 년만에 처음 갖는 그런 대화에서 Mandela 는 건강하게 보였고 건강하게 말하는 것처럼 들렸다.

    (A) exchange　(B) claim　(C) injection　(D) reduction

1.(D) 2.(D) 3.(A)

Smart Vocabulary

term 기한, 기간　illiteracy 문맹, 무학　honored guest 주빈
charity concert 자선 콘서트　shape 건강　vigorous 활기찬, 건강한
grip 꽉 잡다, 움켜잡다　swath 베어 나간 넓이, 한 번 낫질한 넓이, 베어낸 한 구획
somber 어두컴컴한, 흐린, 우울한　emulate ~와 경쟁하다, 겨루다, 모방하다
era 시대　urge 권고하다, 촉구하다, 충고하다

9. Korea: An Insular Possession

Once a place of political exile, Korea's Jeju is now a hot resort island

BY GARY JONES

Located 60 kilometers south of the Korean peninsula, Jeju was once an unforgiving wasteland where civilized life abruptly terminated. Bleak, volcanic and windswept, the isolated province was a feared place of political exile during the Chosun dynasty (1392-1911). It's surprising, then, that Jeju today is the nation's honeymoon isle, the preferred destination for Korean newlyweds as they take their first tentative steps toward a new life. Surprises, in fact, are what picturesque Jeju has in spades. Dominated by South Korea's highest mountain - the majestic and snow-dusted Halla-san – Jeju's varied sightseeing treasures include natural waterfalls and enigmatic cave systems (including Manjanggul Cave, the longest lava tube in the world). State-of-the-art spas, resorts, casinos and golf courses also attract visitors in increasing numbers, as do lush botanical gardens and miles of bleached ocher beaches. But it's the island's aging female divers, or haenyo, who are its most celebrated draw. Reaching depths of up to 20 meters for minutes at a time without the use of breathing apparatus, these ladies can be seen every morning off the island's southern and eastern coasts, harvesting abalone, octopuses and other seafood. Threatened by modern aquaculture, their profession is not expected to last another decade. But, then again, Jeju has surprised us more than once before.

9. 한국: 섬의 소유

과거에 정치적인 유배의 땅이었던 한국의 제주도가 지금은 인기있는 리조트 섬이 되었다.

한반도에서 60 킬로미터 남쪽에 위치한, 제주는 과거에 사람에게 힘든 황무지로서, 문명화된 삶이 갑자기 끝나버리는 곳이었다. 황량하고, 화산 작용에 의해 만들어지고, 강한 바람에 노출되어 있는 고립된 지역은 조선 왕조 (1392-1911) 동안 정치적인 유배로 두려운 장소였다. 오늘날 제주가 한국의 신혼부부들이 새로운 삶을 향해 첫 번째 시험적인 발걸음을 내딛는 신혼여행의 섬으로 선호하는 목적지가 된 것은 놀라운 일이다. 사실 놀라운 것은 그림 같은 제주가 확실히 갖고 있는 것이다. 한국의 가장 높은 산 – 장엄하고 눈이 쌓여있는 한라산이 우뚝 솟아있는 제주의 다양한 관광 보물은 자연 그대로의 폭포와 불가사의한 동굴 시스템 (세계에서 가장 긴 용암 동굴인 만장굴을 포함하여) 이다. 최신 스파, 리조트, 카지노, 골프장 또한 더 증가한 숫자의 방문자들을 끌어들이고 있다. 우거진 식물원과 수마일 펼쳐진 하얘진 황토색 해변들이 그런 것처럼. 그러나 그 섬의 가장 인기를 끄는 사람은 그 섬의 늙어가는 여성 다이버들, 즉 해녀이다. 호흡 보조기를 사용하지 않고 한 번에 몇 분 동안 20 미터의 깊이까지 내려가는 이 여성들이 매일 아침 섬의 남쪽과 동쪽 해안에서 전복과 문어 그리고 다른 해산물을 따거나 잡는 것을 볼 수 있다. 현대의 양식에 위협을 받게된 이들의 직업은 10 년을 더 지속할 것으로 예상되지는 않는다. 그러나 그때에도 다시, 제주는 전보다 더 우리를 놀라게 한다.

Smart TOEIC

1. Located 60 kilometers south of the Korean peninsula, Jeju was once an unforgiving wasteland___civilized life abruptly terminated.

   (A) when
   (B) which
   (C) where
   (D) who

2. It's surprising, then, that Jeju today is the nation's honeymoon isle, the___destination for Korean newlyweds as they take their first tentative steps toward a new life.

   (A) prefer
   (B) preferred
   (C) preferring
   (D) preference

3. State-of-the-art spas, resorts, casinos and golf courses also attract visitors in increasing numbers, as___lush botanical gardens and miles of bleached ocher beaches.

   (A) do
   (B) does
   (C) did
   (D) done

Smart TOEIC

1. 한반도에서 60 킬로미터 남쪽에 위치한, 제주는 과거에 사람에게 힘든 황무지로서, 문명화된 삶이 갑자기 끝나버리는 곳이었다.

   (A) when   (B) which   (C) where   (D) who

2. 오늘날 제주가 한국의 신혼부부들이 새로운 삶을 향해 첫 번째 시험적인 발걸음을 내딛는 신혼여행의 섬으로 선호하는 목적지가 된 것은 놀라운 일이다.

   (A) prefer   (B) preferred   (C) preferring   (D) preference

3. 최신 스파, 리조트, 카지노, 골프장 또한 더 증가한 숫자의 방문자들을 끌어들이고 있다. 우거진 식물원과 수마일 펼쳐진 하얘진 황토색 해변들이 그런 것처럼.

   (A) do   (B) does   (C) did   (D) done

   1. (C) 2. (B) 3. (A)

Smart Vocabulary

insular 섬의, 배타적인, 편협한   exile 망명, 추방, 유배   unforgiving (사람에게) 힘든
terminate 끝나다, 종료되다   volcanic 화산의, 화산 작용에 의해 만들어진
windswept 강한 바람에 노출되어 있는   isle 섬   tentative 시험(실험)적인, 일시적인
in spades 확실히, 절대로   dominate ~보다 우뚝 솟다, ~을 내려다보다, ~을 위압하다
enigmatic 수수께끼 같은, 불가사의한   lava tube 용암 동굴   state-of-the-art 최신의
lush 무성한, 우거진   botanical garden 식물원   bleach (약품·햇볕에) 하얘지다
celebrated 유명한   draw 인기를 끄는 사람(것)   breathing apparatus 호흡 보조기
abalone 전복   aquaculture 양식

10. Say "I do" to Health

Studies show marriage can be good for you - as long as it's a happy one

BY SANJAY GUPTA

I got married recently. I did it for love, certainly, but it got me thinking about the other rewards of marriage - in particular, the potential health benefits. Not surprisingly, marriage, the most enduring and complicated of human relationships, can have a favorable impact on one's emotional and physical well-being. But that's not guaranteed, and it doesn't come for free.

There's a large body of medical literature showing that married people tend to be healthier and live longer than singles. But newer research adds an important caveat: the quality of the marriage matters. Marital stress, logically enough, is not good for your health. In a study reviewed in the *Harvard Men's Health Watch* in May, 72 married couples were ranked on a scale of marital stress and tracked for three years. Those with high levels of stress were more likely to have an unhealthy thickening of the heart's main pumping chamber. (Couples in unhappy marriages, however, were at least able to lower their blood pressure by spending less time with their spouses.) Other studies have shown that happily married women have less blockage in their aortas, and that happily married couples are less likely than unhappy couples to suffer from heart disease.

10. 건강에 대해 "내가 그렇게 하겠습니다"라고 말하라

여러 연구들은 결혼이 당신에게 좋을 수 있다는 것을 보여준다 – 그 결혼이 행복한 결혼인 경우에만

BY SANJAY GUPTA

나는 최근에 결혼했다. 확실히 나는 사랑 때문에 결혼을 했다. 그러나 그 결혼은 나로 하여금 결혼의 다른 보상에 대해 생각하도록 만들었다 – 특히 잠재적인 건강상의 이익에 대해. 당연히, 인간관계 중에서 가장 인내하고 복잡한 관계인 결혼은 한 사람의 정서적이고 신체적인 건강에 좋은 영향을 끼칠 수 있다. 그러나 그것은 보장된 것은 아니고, 무료로 얻는 것도 아니다.

결혼한 사람들이 결혼하지 않은 사람들보다 더 건강하고 더 오래 사는 경향이 있다는 것을 보여주는 많은 의학 보고서가 있다. 그러나 최신 연구는 중요한 단서를 덧붙이는데, 그것은 결혼의 질이 중요하다는 것이다. 논리적으로도 충분히, 결혼 생활의 스트레스는 당신의 건강에 좋지 않다. 5월에 *Harvard Men's Health Watch*에서 검토한 연구에서, 72명의 결혼한 부부를 결혼 생활의 스트레스의 척도로 평가하고 3년 동안 추적하였다. 스트레스가 높은 수준의 부부들은 심장의 주요 펌프 기능을 하는 방이 더 건강에 해로울 정도로 두꺼워질 것 같다. (그러나, 불행한 결혼 생활을 하는 부부들은 배우자들과 시간을 덜 보냄으로써 적어도 혈압을 낮출 수 있다.) 다른 연구들은 행복한 결혼 생활을 하는 여성들이 대동맥이 덜 막히고, 행복한 결혼 생활을 하는 부부들이 불행한 부부들보다 심장병에 덜 걸린다는 것을 보여준다.

Smart TOEIC

1. I did it for love, certainly, but it got me thinking about the other rewards of marriage -____particular, the potential health benefits.

    (A) at
    (B) in
    (C) on
    (D) to

2. But that's not guaranteed, and it doesn't come____free.

    (A) for
    (B) at
    (C) in
    (D) on

3. Other studies have shown that happily married women have less blockage in their aortas, and that happily married couples are less likely than unhappy couples to suffer____heart disease.

    (A) for
    (B) at
    (C) in
    (D) from

Smart TOEIC

1. 확실히 나는 사랑 때문에 결혼을 했다. 그러나 그 결혼은 나로 하여금 결혼의 다른 보상에 대해 생각하도록 만들었다 - 특히 잠재적인 건강상의 이익에 대해.

    (A) at　　(B) in　　(C) on　　(D) to

2. 그러나 그것은 보장된 것은 아니고, 무료로 얻는 것도 아니다.

    (A) for　　(B) at　　(C) in　　(D) on

3. 다른 연구들은 행복한 결혼 생활을 하는 여성들이 대동맥이 덜 막히고, 행복한 결혼 생활을 하는 부부들이 불행한 부부들보다 심장병에 덜 걸린다는 것을 보여준다.

    (A) for　　(B) at　　(C) in　　(D) from

    1.(B) 2.(A) 3.(D)

Smart Vocabulary

potential 잠재적인, 가능한　Not surprisingly 놀랄 것 없이, 당연히
impact 충격, 영향　medical literature 의학 보고서　caveat 경고, 단서
marital 결혼(생활)의　chamber 방, 실　aorta 대동맥

And that's just the start. People in happy marriages also have less acute and chronic illness, better-functioning immune systems, fewer fatal accidents, less susceptibility to alcohol abuse, and lower rates of depression, schizophrenia and suicide. In stable relationships, partners help each other by encouraging good health habits, such as routine mammograms and colonoscopies, and discouraging bad habits like smoking.

Someday marital stress may be as important an indicator of health as cholesterol, weight or blood pressure. But like those other health indicators, a marriage needs constant work if you are going to enjoy the well-being benefits - or so I'm told. What do I know? I'm just getting started.

그리고 그것은 단지 시작이다. 행복한 결혼 생활을 하는 사람들은 또한 급성과 만성적인 질병에 덜 걸리고, 더 기능을 잘하는 면역 체계, 치명적인 사고를 덜 당하고, 알코올 남용에 덜 빠지고, 우울증과 정신 분열증 그리고 자살의 비율이 더 낮다. 안정적인 관계에서, 배우자들은 정기적인 유방조영상과 결장경 검사와 같은 좋은 건강 습관을 갖도록 하고, 담배와 같은 나쁜 습관을 막아서 서로 서로를 돕는다.

언젠가 결혼 생활의 스트레스는 콜레스테롤, 체중, 혈압과 같은 중요한 건강의 지표가 될 것이다. 그러한 다른 건강의 지표들처럼, 만약 당신이 건강의 이익을 즐기려고 한다면, 결혼도 끊임없는 노력을 필요로 한다. 나는 그렇게 들었다. 내가 무엇을 알겠는가? 나는 이제 막 결혼 생활을 시작했다.

Smart Vocabulary

acute 급성의   chronic 만성적인   immune system 면역 체계
susceptibility 민감성, ~에 걸리기 쉬움   schizophrenia 조현병, 정신분열증
mammogram 유방조영상(유방암 검진용 X선 촬영)   colonoscopy 결장경 검사(법)
discourage (무엇을 어렵게 만들거나 반대하여) 막다

11. Diet vs. Exercise

BY SORA SONG

Being overweight is never good for your health, but a study in the *Journal of the American Medical Association* (J.A.M.A.) suggests that sometimes it's better to be fit than thin. As part of the Women's Ischemia Syndrome Evaluation, researchers found that inactive women, no matter how thin or fat, were much more likely to have heart attacks and other cardiac problems than women who exercised. But don't discount the impact of slimming down. In another study in J.A.M.A., research from the ongoing Women's Health Study found that overweight and obese women — regardless of how regularly they exercised — were up to nine times as likely to develop diabetes as women of normal weight. Bottom line: there's no easy way around it. Stay trim and active.

11. 다이어트 대 운동

BY SORA SONG

지나치게 뚱뚱해지는 것은 당신의 건강에 결코 좋지 않지만, 미국 의학 협회 저널 *Journal of the American Medical Association*에 발표된 한 연구는 때때로 날씬한 것보다 건강한 것이 더 좋다고 제안한다. 여성의 국소 빈혈 증후군 평가의 일부로서, 연구자들은 비활동적인 여성들이 – 날씬하든 뚱뚱하든지 간에 – 운동을 한 여성들보다 심장마비와 다른 심장의 문제를 훨씬 더 많이 갖는다는 것을 발견했다. 그러나 날씬해진 것의 영향을 무시하지 말라. 미국 의학 협회 저널에 발표된 또 다른 연구에서, 계속 진행 중인 여성의 건강 연구로부터 얻은 연구 결과는 뚱뚱하고 비만인 여성들이 – 그들이 얼마나 규칙적으로 운동하는지와는 관계없이 – 정상적인 체중의 여성들이 당뇨병에 걸릴 확률의 아홉 배에 이른다는 것을 발견했다. 핵심은 그것에 관해서 쉬운 길은 없다는 것이다. 몸을 균형잡힌 상태로 유지하고 활동하라.

Smart Vocabulary

versus (L) ~대   fit 건강이 좋은   ischemia (혈관 수축에 의한) 국소 빈혈
cardiac 심장(병)의   slim down 군살을 빼다, 날씬해지다
discount (무가치한 것으로) 치부하다, 무시하다   ongoing 계속 진행 중인
develop diabetes 당뇨병에 걸리다   bottom line 핵심, 요점
trim (몸이) 군살 없는, 균형 잡힌

12. Best Airport Surprise: The Swimming Pool, Changi

By Hugh Chow

The words "comfort" and "transit" form an unlikely pairing — unless you're talking about Singapore's Changi Airport, where a rooftop Jacuzzi and swimming pool turn downtime between flights into an unexpected extension of your holiday. High above Terminal 1, weary passengers can soak in a burbling hot tub or take a rejuvenating dip in the adjacent kidney-shape pool while watching 747s roll across the tarmac. What's more, only a handful of the millions of passengers who pass through the Lion City's superslick airport each year seem to know about this mini rooftop resort, so you can generally take your pick of sun loungers. Changi also offers massage studios, Asia's largest airport gym, free Internet access through 200 terminals, and Xbox consoles for video-game fans, thus proving the old adage "it is sometimes better to travel than to arrive."

12. 최고의 공항이 주는 놀라움 : Changi 공항의 수영장

By Hugh Chow

　당신이 싱가폴의 Changi 공항에 대해 말하지 않는 한, "편안함"과 "환승"이라는 단어는 있을 것 같지 않은 쌍이고, 이 공항에서는 옥상의 자쿠지와 수영장이 비행기를 갈아타기 전 한가한 시간을 예상하지 못한 휴가의 연장으로 바꾸어준다. Terminal 1 위에 높은 곳에서, 지친 승객들은 부글부글 소리를 내는 뜨거운 욕조에 몸을 담그거나 또는 인접한 콩팥 모양의 수영장에서 타맥으로 포장한 구역을 가로질러 747기들이 움직이는 모습을 보는 동안 다시 활기를 되찾게 하는 수영을 할 수 있다. 더욱 중요한 것은, 매년 Lion City 의 매우 훌륭한 공항에서 환승하는 수백만 명의 승객들 중 단지 소수만이 이 작은 옥상의 리조트에 대해 알고 있는 것처럼 보인다. 그래서 당신은 일반적으로 일광욕용 의자를 선택할 수 있다. Changi 공항은 또한 마사지 스튜디오, 아시아에서 가장 큰 공항 체육관, 200 개의 터미널에서 무료 인터넷 접속, 비디오 게임 팬들을 위한 Xbox 제어반을 제공하며, "도착하는 것보다 여행하는 것이 때로 더 좋다"라는 격언을 또한 제공한다.

Smart Vocabulary

transit 수송, 통과, 환승   unlikely ~할(일) 것 같지 않은, 있음직하지(있을 것 같지) 않은
downtime (기계, 특히 컴퓨터가) 작동하지 않는 시간, 한가한(휴식) 시간
extension 확대, 연장   soak 담그다   burble 부글부글 소리를 내다(bubble)
rejuvenate 다시 젊어 보이게(젊은 기분이 들게) 하다, 활기를 되찾게 하다
dip (잠깐 하는) 수영, 담그다   adjacent 인접한, 가까운
tarmac (특히 공항에서) 타맥으로 포장한 구역   roll 나아가다, 달리다, 회전하다
slick (겉만) 번드르르한, 매끄러운, 멋진, 훌륭한   a handful of 소수의
sun lounger 일광욕용 의자
X box 미국의 Microsoft 사가 내놓은 비디오 게임 콘솔(video game console)
console 제어반, 계기반   adage 속담, 격언

13. Best Film Festival: The Pusan International Film Festival

By Ilya Garger

Pusan is known more for its container port than its culture. But for a week every October, it hosts Asia's most important cinematic event — the Pusan International Film Festival. Last month, 166,000 people turned up to see 262 movies, including 40 world premieres. The setting is also a draw: most showings take place just off a picturesque boardwalk facing the sea, and during festival week nearby restaurants turn into around-the-clock salons where fans mingle with stars and deals get cut over rounds of soju. "Seoul is losing its authenticity," says festival director Kim Dong Ho, "while Pusan is still a romantic port city." Being Asia's movie mecca adds to that attraction.

13. 최고의 영화 축제: 부산 국제 영화제

By Ilya Garger

부산은 문화 보다는 컨테이너 항구로서 더 알려져 있다. 그러나 10월마다 한 주 동안, 부산은 아시아의 가장 중요한 영화 행사인 부산 국제 영화제를 개최한다. 지난 달 166,000 명의 사람들이 40 편의 세계적인 개봉작품을 포함하여 262 편의 영화를 보기 위해 나타났다. 무대 또한 인기를 끌었다. 대부분의 영화 상영은 바다를 마주하고 있는 그림 같은 산책로에서 했으며, 영화제 주간에는 근처 레스토랑들이 24시간 내내 문을 여는 살롱으로 바뀌었고, 그 곳에서 수많은 팬들이 스타와 어울리고, 소주를 마시면서 거래에서 가격을 낮추기도한다. "서울은 진정성을 잃고 있다"라고 영화제 감독인 김동호는 말한다. "반면에 부산은 아직도 낭만적인 항구 도시이다." 아시아의 영화 메카가 된다는 것이 그러한 매력에 더해진다.

Smart Vocabulary

turn up 나타나다, 도착하다   premiere (영화의) 개봉, (연극의) 초연
draw 인기를 끄는 사람(것)   showing (영화) 상영
boardwalk (특히 해변이나 물가에) 판자를 깔아 만든 길, 산책로
around-the-clock 24시간 내내   mingle 섞이다, 어우러지다
cut (이익의) 배분, 몫, 배당, 할당, 수수료   authenticity 확실성, 진정성

14. Lavish Launchpad

BY SALLY B. DONNELLY

Think any airline can remove all the hassle from flying? Lufthansa is trying. On Dec.1, the Frankfurt-based carrier opened the world's first exclusive terminal for first-class and high-mileage travelers. Lufthansa's elite fliers are met at the entrance of a sleek gray sandstone-and-glass terminal in Frankfurt Airport by a personal assistant who handles all of air travel's mundane tasks - from bag check-in to seat assignments. These pampered passengers - only about 350 daily - then wait in an opulent lounge with overstuffed Italian leather chairs, a linen-tablecloth restaurant, offices and a cigar room with a selection of whiskeys. Five to 12 minutes before departure time, fliers will proceed to the customs desk (no line here!), from which they will be whisked across the tarmac in a Mercedes or Porsche to their plane. Lufthansa is planning another exclusive terminal in Munich, and may consider similar lounges and the personal assistant service for passengers traveling from airports like New York City's John F. Kennedy or Hong Kong International. "It's the experience on the ground where we are setting ourselves apart," says Lufthansa executive Carsten Spohr. "We want to show that quality has indeed come back to air travel." Other airlines haven't yet gone quite so far, but British Airways will next month open a spa for its top-end customers at JFK, and SwissAir will copy Lufthansa's all-business-class flights with a new route from Newark to Zurich.

14. 아낌없는 발판

BY SALLY B. DONNELLY

어떤 항공사가 비행기 여행을 할 때 모든 번잡한 수속을 없앴다고 생각해보라. Lufthansa 가 시도하고 있다. 12월 1일 Frankfurt 에 본사를 둔 이 항공사는 일등석과 많은 마일리지를 갖고 있는 여행객들을 위해 세계 최초로 독점적인 터미널을 개장했다. Lufthansa 의 엘리트 승객들은 Frankfurt Airport 의 매끄러운 회색 사암과 유리로 된 터미널의 입구에서 비행기 여행에서 늘 하는 일 - 수하물 체크인부터 자리 지정 등 모든 일을 처리해주는 개인적인 조수를 만나게 된다. 그 때 이들 마음대로 하는 승객들은 - 하루에 단지 35명 정도 - 푹신한 이탈리아산 가죽 의자, 린넨 식탁보가 있는 레스토랑, 사무실, 흡연실이 있는 풍족한 라운지에서 위스키를 골라 마시며 기다린다. 출발 시간 5분에서 12분 전에, 승객들은 세관대로 가고 (여기서도 줄을 서지 않는다!), 여기서부터 Mercedes 나 Porsche 자동차를 타고 활주로를 가로질러 비행기에 탑승한다. Lufthansa 는 Munich 에 또 다른 독점적인 터미널을 계획 중이고 New York 시의 John F. Kennedy 이나 Hong Kong 의 국제공항과 같은 공항에서부터 여행하는 승객들을 위해 유사한 라운지나 개인적인 조수 서비스를 생각중이다. Lufthansa 의 임원인 Carsten Spohr 는 "그것은 지상에서 우리가 구별되는 경험이다"라고 말한다. 그는 "우리는 품질높은 서비스가 비행기 여행에도 도입되는 것을 보여주고 싶다"고 말한다. 다른 비행사들은 아직 그렇게까지 하지 못하고 있지만, British Airways 는 다음 달에 John F. Kennedy 공항에서 최고의 승객들을 위해 스파를 개장하고, 그리고 SwissAir 는 Newark 에서 Zurich 로 가는 새로운 항로와 함께 Lufthansa 의 모든 비즈니스석의 여행을 따라할 것이다.

Smart TOEIC

1. _____Dec.1, the Frankfurt-based carrier opened the world's first exclusive terminal for first-class and high-mileage travelers.

   (A) At
   (B) In
   (C) On
   (D) To

2. Lufthansa is planning_____exclusive terminal in Munich, and may consider similar lounges and the personal assistant service for passengers traveling from airports like New York City's John F. Kennedy or Hong Kong International.

   (A) another
   (B) other
   (C) each other
   (D) one another

3. _____airlines haven't yet gone quite so far, but British Airways will next month open a spa for its top-end customers at JFK, and SwissAir will copy Lufthansa's all-business-class flights with a new route from Newark to Zurich.

   (A) another
   (B) other
   (C) each other
   (D) one another

Smart TOEIC

1. 12월 1일 Frankfurt 에 본사를 둔 이 항공사는 일등석과 많은 마일리지를 갖고 있는 여행객들을 위해 세계 최초로 독점적인 터미널을 개장했다.

   (A) At   (B) In   (C) On   (D) To

2. Lufthansa 는 Munich 에 또 다른 독점적인 터미널을 계획 중이고 New York 시의 John F. Kennedy 이나 Hong Kong 의 국제공항과 같은 공항에서부터 여행하는 승객들을 위해 유사한 라운지나 개인적인 조수 서비스를 생각중이다.

   (A) another   (B) other   (C) each other   (D) one another

3. 다른 항공사들은 아직 그렇게까지 하지 못하고 있지만, British Airways 는 다음 달에 John F. Kennedy 공항에서 최고의 승객들을 위해 스파를 개장하고, 그리고 SwissAir 는 Newark 에서 Zurich 로 가는 새로운 항로와 함께 Lufthansa 의 모든 비즈니스석의 여행을 따라할 것이다.

   (A) another   (B) other   (C) each other   (D) one another

   Answer 1.(C) 2.(A) 3.(B)

Smart Vocabulary

lavish 아낌없는   launchpad 도약대, 발판   hassle 귀찮은 문제, 번잡한 수속
exclusive 독점적인   sleek 매끄러운, 단정한   sandstone 사암(砂岩)
mundane 보통의, 현세의, 세속적인   assignment 지정, 할당
pampered 제멋대로 하는, 응석받이로 자란, 방자한   opulent 풍족한, 부유한
overstuff ~에 지나치게 채워 넣다; (소파 따위에) 속을 많이 채워 넣다.
proceed (앞으로) 나아가다, (일 따위가) 진행되다
whisk 휙 채가다, 데려가다, 끌어당기다, 치우다   tarmac 활주로
set ~ apart (따로) 떼어두다, (다른 것과) 분리하다   top-end 최고의, 가장 비싼

15. Food for the Brain

Can an ingredient in Indian curry help prevent Alzheimer's?

BY BRYAN WALSH

Fans of Indian cuisine know a spicy curry can go straight to the head - and now medical science backs them up. A recent study by researchers at the University of California Los Angeles and the Greater Los Angeles Veterans Affairs Healthcare System concludes that curcumin, the substance that gives the curry spice turmeric its yellow pigment, may help combat Alzheimer's disease. In India's ancient Ayurvedic health system, the spice is known as an anti-inflammatory and a cleanser of blood. Alzheimer's researchers became interested in it due to evidence that the prevalence of the neurological disease among the elderly in India may be considerably lower than that in the U.S.

In the study, scientists found that elderly lab rats fed curcumin experienced a reduction in the beta-amyloid proteins found in the brains of Alzheimer's victims. When researchers tested curcumin on human beta-amyloid proteins in a test tube, the chemical blocked the proteins from forming destructive plaques - meaning that curcumin could be useful for treating Alzheimer's, and more importantly, for preventing it. Dr. Greg Cole, the lead researcher, hopes that curcumin could be for Alzheimer's what aspirin has become for heart disease: a simple, safe and affordable preventative. New Delhi-based restaurant consultant J. Inder Singh Kalra, who has touted the holistic value of Indian food on his TV cooking show for years, hopes such news will instruct younger Indians, who have been turning to unhealthy Western food. "It's the great tragedy of this country," says Kalra, "that we won't value our own culture unless it comes back to us from the West."

15. 뇌에 좋은 음식

인도 카레의 성분이 알츠하이머 병을 예방할 수 있는가?

BY BRYAN WALSH

인도 요리를 좋아하는 사람들은 향(신)료를 넣은 카레가 머리에 직접 전달될 수 있다는 것을 알고 있고 - 이제 의학은 그 사람들을 뒷받침3한다. University of California Los Angeles 과 Greater Los Angeles Veterans Affairs Healthcare System 의 연구자들의 최근 연구는 카레 향료 심황에 노란 색소를 갖게 하는 물질인 커큐민이 Alzheimer 병과 싸우는 것을 도울 수 있다고 결론내린다. 인도의 고대 아유르베다의 의료체계에서, 향료는 항염증제와 피를 맑게 해주는 것으로 알려져 있다. 인도에서 노인들 가운데 신경과 관련된 질병이 널리 퍼진 것이 미국에서의 그것보다 상당히 더 낮다는 증거에 따라 Alzheimer 병 연구자들은 향료에 관심을 갖게 되었다.

그 연구에서, 과학자들은 커큐민을 주입한 실험실의 나이든 쥐가 Alzheimer 병 희생자들의 뇌에서 발견되는 베타-아밀로이드 단백질의 감소를 경험했다는 것을 발견했다. 연구자들이 시험관에서 인간의 베타-아밀로이드 단백질에 커큐민을 실험했을 때, 그 화학물질이 단백질에 파괴적인 치태가 형성하는 것을 막는데, 그것은 커큐민이 Alzheimer 병을 치료하는데 유용할 뿐 아니라, 더 중요한 것은, 그것을 예방하는 데에도 유용하다는 것을 의미한다. 선임 연구자인 Greg Cole 은 아스피린과 심장병의 관계와 마찬가지로, 간단하고 안전하며 가격이 저렴한 예방제인 커큐민이 Alzheimer 병을 치료하기를 희망한다. New Delhi를 근거로 하는 레스토랑 상담가이며, 여러 해 동안 자신의 티비 요리 프로그램에서 인도 음식의 전체적인 가치의 장점을 널리 말한바 있는 J. Inder Singh Kalra 는 그러한 뉴스가 건강에 해로운 서구 음식으로 향하는 인도 젊은이들을 가르칠 수 있기를 희망한다. Kalra 는 "우리 자신의 문화가 서구로부터 다시 전해지지 않는 한, 우리가 그것의 가치를 높이 평가하지 않는 것이 우리나라의 큰 비극이다"라고 말한다.

Smart TOEIC

1. Alzheimer's researchers became interested in it due to evidence that the prevalence of the neurological disease among the elderly in India may be considerably lower than_____in the U.S.

   (A) this
   (B) that
   (C) these
   (D) those

2. When researchers tested curcumin on human beta-amyloid proteins in a test tube, the chemical blocked the proteins from forming destructive plaques - meaning that curcumin could be useful for treating Alzheimer's, and more importantly, for preventing _____.

   (A) this
   (B) that
   (C) it
   (D) them

3. "It's the great tragedy of this country," says Kalra, "that we won't value our own culture unless_____comes back to us from the West."

   (A) this
   (B) that
   (C) it
   (D) them

Smart TOEIC

1. 인도에서 노인들 가운데 신경과 관련된 질병이 널리 퍼진 것이 미국에서의 그것보다 상당히 더 낮다는 증거에 따라 Alzheimer 병 연구자들은 향료에 관심을 갖게 되었다.

   (A) this   (B) that   (C) these   (D) those

2. 연구자들이 시험관에서 인간의 베타-아밀로이드 단백질에 커큐민을 실험했을 때, 그 화학물질이 단백질에 파괴적인 치태가 형성하는 것을 막는데, 그것은 커큐민이 Alzheimer병을 치료하는데 유용할 뿐 아니라, 더 중요한 것은, 그것을 예방하는 데에도 유용하다는 것을 의미한다.

   (A) this   (B) that   (C) it   (D) them

3. Kalra 는 "우리 자신의 문화가 서구로부터 다시 전해지지 않는 한, 우리가 그것의 가치를 높이 평가하지 않는 것이 우리나라의 큰 비극이다"라고 말한다.

   (A) this   (B) that   (C) it   (D) them

1.(B) 2.(C) 3.(C)

Smart Vocabulary

ingredient 성분, 재료   cuisine 요리   spicy 향(신)료를 넣은   backs up (~을) 후원하다
curcumin 카레의 주성분   curcuma 강황   turmeric 심황
pigment 색소, 안료, 물감 재료   Ayurvedic 아유르베다의   anti-inflammatory 항염증제
prevalence 널리 퍼짐,유행   neurological 신경의   plaque (치아에 끼는) 플라크(치태)
affordable (가격이) 알맞은, 구하기 쉬운
tout 장점을 내세우다, 극구 칭찬하다, 과장해서 선전하다   holistic 전체적인, 전인적인
instruct 지시하다, 가르치다

16. Tea Versus the Big "C"

New research shows green tea is high in cancer-fighting compounds

BY HANNA KITE

Herbal medicine is rife with "just so" stories. St. John's wort is good for rheumatism and chamomile cures insomnia because Grandma said it was just so. But scientific evidence is emerging that Asia's favorite leafy tonic, green tea, may in fact be everything Granny said it was. A joint research team from the University of Murcia in Spain and the John Innes Centre in England has found that green tea is loaded with a compound, epigallocatechin gallate (EGCG), that has demonstrable cancer-fighting properties.

The conclusions of the study, published in the American medical journal *Cancer Research*, lend weight to previous surveys that found lower cancer rates among populations of heavy green tea drinkers. This may be because EGCG blocks an enzyme that is a catalyst to cancer growth; in fact, it has properties similar to those of methotrexate, a drug that has been used for decades in the treatment of cancerous breast, head and neck, and lung tumors. "For the first time we have a scientific explanation of why EGCG inhibits the growth of cancer cells at concentrations which are found in the blood of people who drink two to three cups of green tea a day," says Professor Roger Thorneley, one of the joint research team members.

16. 녹차 대 Big "C"

새로운 연구는 녹차가 암과 싸우는 혼합물에서 탁월하다는 사실을 보여준다.

BY HANNA KITE

약초로 만든 약은 "증명되지 않은" 이야기들로 만연하다. 할머니가 그렇다고 말씀하셨기 때문에, 고추나물(성요한초)은 류마티즘에 좋고, 카모마일은 불면증을 치료한다. 그러나 아시아에서 좋아하는 잎이 무성한 강장제인 녹차가 사실 할머니가 그렇다고 말씀하신 모든 것이라는 과학적인 증거가 나타나고 있다. 스페인의 University of Murcia 와 영국의 John Innes Centre 의 합동연구팀은 녹차가 혼합물인 에피갈로카테킨 갈레트(EGCG)를 많이 함유하고 있으며, 그것은 증명할 수 있는 암과 싸우는 특성을 갖고 있다.

미국의 의학저널인 『암 연구』지에 발표된 이 연구의 결론은 녹차를 많이 마시는 사람들 가운데 암 발생 비율이 더 낮다는 것을 발견한 이전의 조사를 뒷받침한다. 이것은 아마도 에피갈로카테킨 갈레트가 암 성장의 기폭제인 효소를 막기 때문이다. 사실 그것은 메토트렉사트의 속성과 유사한 특성을 갖고 있는데, 이 약은 수십년동안 암이 있는 가슴, 머리, 목, 폐의 종양을 치료하는데에 사용되어져 왔다. 합동 연구 팀원들 중의 한명인 Roger Thorneley 교수는 "처음으로 우리는 하루에 두 세잔의 녹차를 마시는 사람들의 피에서 발견되는 농도에서 왜 에피갈로카테킨 갈레트가 암세포의 성장을 억제하는지에 관한 과학적인 설명을 갖게되었다."라고 말한다.

Scientists hope their findings will lead to EGCG-based drugs that have fewer side effects than methotrexate, which can cause vomiting and hair loss, among other ills. But as is often the case with promising medical discoveries, there are caveats. Excessive drinking of green tea by pregnant women has been linked to birth defects. And Thorneley warns that it could take up to 10 years to develop and start to test new treatments. In the meantime, a couple of daily cups of cha can't hurt. "I usually only have a sip of my wife's green tea," says Thorneley, "I might start drinking it now."

과학자들은 그들이 발견한 결과가 다른 병중에서도 구토와 탈모를 일으키는 메토트렉사트보다 부작용이 더 적은 에피갈로카테킨 갈레트에 근거한 약으로 이어지기를 희망한다. 그러나 촉망받는 의학적인 발견들의 사례에서처럼, 여러가지 경고가 있다. 임신한 여성이 녹차를 과도하게 마시는 것은 선천적 결손증으로 이어진다. 그리고 Thorneley 는 새로운 치료약을 개발하고 시험하기 위해서는 10년이 걸릴 수 있다고 경고한다. 그동안에 하루에 몇 잔의 차를 마시는 것은 해롭지 않을 것이다. Thorneley 는 "나는 항상 내 아내의 녹차를 마실 뿐이다. 나는 그것을 이제 마시기 시작했을 뿐이다."라고 말한다.

Smart Vocabulary

compound 혼합물, 합성물, 화합물　herbal medicine 약초학, 한방약, 약초로 만든 약
rife 만연한, 널리 퍼져 있는　St. John's wort 고추나물, 성요한초
chamomile 카밀레(국화과 약용 식물)　insomnia 불면증　tonic 강장제
epigallocatechin gallate (식품과학) 에피갈로카테킨 갈레트
demonstrable 보여줄(입증할) 수 있는　property 속성, 특성
lend weight ~을 뒷받침(입증) 하다　enzyme 효소　catalyst 촉매, 기폭제
methotrexate 메토트렉사트 (백혈병 치료제)　tumor 종양　inhibit 방해하다, 억제하다
concentration 농도　promising 유망한,　caveat 통고, 경고
birth defect 선천적 결손증　char 차(tea)

17. Vitamin E

Vitamin E was once thought by some to be the cure for nearly everything. Observational studies suggested that moderately high doses (400 International Units, or IUs) could prevent heart disease, cancer and dementia - and make your skin glow, too. But lately scientists, using more rigorous tests, have had trouble substantiating some of those benefits.

Now comes what may be the crowning blow - at least with respect to staving off heart disease. A double-blind, placebo-controlled trial, published in the *Journal of the American Medical Association* last week, found that taking 400 IUs of vitamin E each day did nothing to prevent heart attacks or strokes in a group of nearly 10,000 mostly elderly patients with cardiovascular disease or diabetes. This disappointing news comes on the heels of the *Women's Health Study* finding earlier this month that vitamin E confers no cardiac benefit on healthy women age 45 or older.

What immediately grabbed everyone's attention in the J.A.M.A. study was the discovery that vitamin E slightly increased the risk of heart failure. That's a first.

17. Vitamin E

과거에 어떤 사람들은 비타민 E가 거의 모든 질병을 치료한다고 생각했다. 관찰 연구는 적당하게 높은 복용 (400 IUs) 은 심장병, 암, 치매를 예방할 수 있고, 또한 피부를 윤기있게 만들 수 있다는 사실을 암시했다. 그러나 최근 더 엄격한 실험을 하는 과학자들은 그러한 이점들을 입증하는데 어려움을 겪고 있다.

이제 가장 큰 타격이 될 수 있는 것이 발표되었다 – 적어도 심장병을 피할 수 있는 것과 관련하여. 지난 주 미국 『의학 협회 저널』(Journal of the American Medical Association) 에 출판된 이중맹검 위약 통제 실험은 매일 비타민 E를 400 IU 복용하는 것이 심장혈관 질병이나 당뇨병이 있는 거의 10,000 명의 노인 환자들 군에서 심장 발작이나 뇌졸중을 예방하지 못한다는 것을 발견했다. 이러한 실망스러운 뉴스는 비타민 E가 45세 이상 건강한 여성에게 심장에 어떤 이익도 주지 않는다는 이번 달 초 『여성 건강 연구』(Women's Health Study) 결과에 잇따라 발표되었다.

『의학 협회 저널』 연구에서 즉시 모든 사람의 관심을 끈 것은 비타민 E가 심장병의 위험을 약간 증가시킨다는 발견이다. 그것이 첫 번째이다.

There's no need to panic. If you take a multivitamin, you're getting only 30 IUs of vitamin E, and this has long been shown to be a safe amount. And 400 IUs may yet prove to be fine. For complicated statistical reasons, the heart-failure finding could easily be a fluke, the study's coordinating investigator readily admits.

What it all boils down to is this: vitamin E probably doesn't prevent heart disease. That doesn't mean it's useless. There is strong evidence from other studies that moderately high doses of vitamin E may delay the onset of macular degeneration and boost the immune system in the elderly. Also, the U.S. National Institutes of Health is testing whether vitamin E, with or without selenium, may delay prostate cancer.

But one thing is certain: vitamin E is not the miracle cure it once seemed to be.

공포를 느낄 필요는 없다. 만약 당신이 종합 비타민을 복용한다면, 당신은 단지 비타민 E 30 IU를 먹는 것뿐이고, 그리고 이것은 오래 동안 안전한 양이라고 여겨져 왔다. 그리고 400 IU 의 비타민 E 는 좋은 것으로 증명되었다. 그 연구의 종합 연구원은 복잡한 통계상의 이유 때문에 심장병 발견은 어쩌다 들어맞은 것일 수 있다고 쉽게 인정한다.

요약하면 이것이다: 비타민 E 는 아마도 심장병을 예방하지 못한다. 그것은 쓸모없다는 것을 의미하지는 않는다. 다른 연구에서 적당히 높은 비타민 E 복용은 노인들에게 황반변성이 시작하는 것을 늦출 수 있고 면역 체계를 높일 수 있다는 강한 증거가 있다. 또한, 전미 건강 협회 U.S. National Institutes of Health 는 셀렌이 있든 없든, 비타민 E 가 전립선암을 늦출 수 있을 것이라는 실험을 하고 있다.

그러나 한 가지는 확실하다: 비타민 E 는 과거에 그랬던 것처럼 기적의 치료제가 아니다.

Smart TOEIC

1. Vitamin E was once _____ by some to be the cure for nearly everything.

   (A) think
   (B) thought
   (C) to think
   (D) thinking

2. But lately scientists, using more rigorous tests, have had trouble some _____ of those benefits.

   (A) substantiate
   (B) substantiated
   (C) to substantiate
   (D) substantiating

3. Also, the U.S. National Institutes of Health is testing whether vitamin E, with _____ without selenium, may delay prostate cancer.

   (A) so
   (B) or
   (C) but
   (D) yet

Smart TOEIC

1. 과거에 어떤 사람들은 비타민 E 가 거의 모든 질병을 치료한다고 생각했다.

   (A) think   (B) thought   (C) to think   (D) thinking

2. 그러나 최근 더 엄격한 실험을 하는 과학자들은 그러한 이점들을 입증하는데 어려움을 겪고 있다.

   (A) substantiate   (B) substantiated
   (C) to substantiate   (D) substantiating

3. 또한, 전미 건강 협회는 비타민 E 가 셀렌이 있든 없든, 전립선암을 늦출 수 있을 것이라는 실험을 하고 있다.

   (A) so   (B) or   (C) but   (D) yet

   1.(B) 2.(D) 3.(B)

Smart Vocabulary

cure 치료, 치료제   observational study 관찰 연구   moderately 적당하게, 알맞게
dose (약의) 1회분, (1회의) 복용량   heart disease 심장병   dementia 치매   rigorous 엄격한
substantiate 실증하다, 입증하다   crowning 최고의, 더없는   blow 타격
with respect to ~에 관하여   stave off 비키다, 피하다   double-blind 이중맹검
placebo 위약   heart attack 심장 발작   stroke 뇌졸중   cardiovascular 심장혈관
diabete 당뇨병   on the heels of ~에 잇따라서, ~의 뒤를 바싹 따라서   confer 수여하다, 베풀다
cardiac 심장(병)의   grab 붙잡다, (남의) 마음을 사로잡다   slightly 약간, 조금
heart failure 심장병, 심장 마비   panic 돌연한 공포; 겁먹음; 당황   multivitamin 종합 비타민
statistical 통계(상)의   fluke 어쩌다 들어맞음, 요행, 실수
coordinate 통합하다, 종합하다, 조정하다, 조화시키다   investigator 연구자, 조사자
readily 즉시, 쉽사리   boil down to 요약되다   onset 습격, 시작, 착수
macular degeneration (망막의) 황반변성
boost 끌어올리다, (생산량을) 증가시키다, (사기·기력을) 높이다
immune (공격·병독 등을) 면한, 면역성의   selenium 셀렌   prostate cancer 전립선암

18. Asia's Heroes 2005 - Park Ji Sung

by In Jae Hwang

Park Ji Sung's dream of becoming a soccer star always seemed outsized for a kid who was usually the scrawniest player on the school team in his hometown of Suwon, a gritty industrial city south of Seoul. What Park lacked in size, however, he made up for in pluck and determination. While other kids practiced dribbling, Park worked on his passing skills because he knew the coach valued team players. He dutifully downed smelly doses of boiled frog extract when his father told him it would make him grow. When he didn't come home after school, his worried parents would find him on the pitch, doing push-ups long after his teammates had gone home. Says his high school coach Lee Hak Jong: "He was the smallest on the team, but the fittest, and no one could match his work ethic and discipline. I don't recall him ever skipping or being late for practice." Even then, Park barely made it onto a college team, and had to start his pro career on a second-tier Japanese squad.

But the hard work paid off in 2002 when Park was chosen for his country's World Cup team. Playing every game in South Korea's extraordinary run to the semi-finals, the 176-cm-tall winger became a national hero when he scored the winning goal in a critical game against Portugal. Koreans watching Park outmaneuvering bigger players during the Cup saw his performance as a metaphor for South Korea itself - a small country whose survival has depended on outsmarting bigger and often sharper-elbowed neighbors.

18. 아시아의 영웅 2005 - 박지성

by In Jae Hwang

축구 스타가 되려는 박지성의 꿈은 항상 서울의 남쪽에 있는 자갈과 모래투성이의 산업도시인 고향 수원의 학교 팀 가운데 항상 가장 야윈 선수인 어린아이에게 너무 큰 것처럼 보인다. 그러나 박지성은 체격에서 부족한 것을 용기와 투지에서 보충한다. 그는 코치가 팀웍을 중요시한다는 것을 알기 때문에 다른 아이들이 드리블 연습을 하는 동안에 패스하는 기술을 연습했다. 아버지가 개구리 즙이 키를 크게 할 것이라고 말했을 때, 그는 끓인 냄새나는 개구리 즙을 충실하게 마셨다. 그가 방과 후에 집에 오지 않았을 때, 걱정한 부모님은 그의 팀원들이 모두 집으로 돌아간 후에도 오랫동안 팔굽혀펴기를 하면서 공을 던지는 그를 발견하곤 했다. 그의 고등학교 코치인 이학종은 "그는 팀에서 가장 작은 선수였지만, 꼭 필요한 선수였다. 그리고 어느 누구도 그의 근면성과 훈련을 따라갈 수 없다. 나는 그가 심지어 훈련에 빠지거나 늦는 것도 생각나지 않는다."고 말한다. 심지어 그 때에도, 그는 가까스로 대학팀에 들어가고, 일본의 2부 리그 팀에서 프로 경력을 시작해야만 했다.

그러나 힘든 훈련은 그가 2002년 한국의 월드컵 팀에 선발되었을 때 모두 보상받았다. 한국이 준결승전에 의외로 올라간 모든 경기에 출전하면서 윙을 맡은 176cm 키의 그는 포르투갈과의 중요한 경기에서 결승골을 넣었을 때 국가적인 영웅이 되었다. 월드컵동안 그가 더 큰 선수들의 허를 찌르는 모습을 본 한국인들은 그의 경기를 한국 그 자체에 대한 은유로 보았다 - 작은 나라의 생존은 더 크고 종종 날카로운 팔꿈치를 가진 이웃나라들을 압도하는데 달려있다.

Smart TOEIC

1. What Park lacked_____size, however, he made up for in pluck and determination.

    (A) on
    (B) in
    (C) with
    (D) for

2. When he didn't come home after school, his worried parents would find him on the pitch, doing push-ups long after his teammates_____home.

    (A) go
    (B) went
    (C) has gone
    (D) had gone

3. But the hard work paid off in 2002 when Park was ___for his country's World Cup team.

    (A) choosing
    (B) chosen
    (C) has chosen
    (D) had chosen

Smart TOEIC

1. 그러나 박지성은 체격에서 부족한 것을 용기와 투지에서 보충한다.

    (A) on　　　(B) in　　　(C) with　　　(D) for

2. 그가 방과 후에 집에 오지 않았을 때, 걱정한 부모님은 그의 팀원들이 모두 집으로 돌아간 후에도 오랫동안 팔굽혀펴기를 하면서 공을 던지는 그를 발견하곤 했다.

    (A) go　　　(B) went　　　(C) has gone　　　(D) had gone

3. 그러나 힘든 훈련은 그가 2002년 한국의 월드컵 팀에 선발되었을 때 모두 보상받았다.

    (A) choosing　(B) chosen　(C) has chosen　(D) had chosen

1.(B) 2.(D) 3.(B)

Smart Vocabulary

outsize 특대의　scrawny 야윈, 앙상한　gritty 자갈이 섞인, 모래투성이의
pluck 잡아뜯음, 용기, 담력　determination 결정, 투지
dribble (축구·농구 등에서 공을) 드리블하다
team player (보통 직장에서) 단체(협동) 작업을 잘 하는 사람　dutifully 충실하게
down (~을) 쭉 들이켜다, 마시다
dose (약의) 1회분, (1회의) 복용량, 한 첩, (특히) 쓴 약, 불쾌한 경험
extract 추출물, (정분을 내어 농축한) 진액　pitch 던짐, 투구
fit (꼭)맞는, 알맞은, 적당한　work ethic 노동관, (윤리관으로서의) 근면
skip 빠뜨리다, 가볍게 뛰다　barely 간신히, 가까스로, 겨우　tier 줄, 층
squad 분대, 한 조, 팀　pay off (빚을) 전부 갚다　extraordinary 대단한, 의외스
winger (축구 등의) 윙의 선수　winning goal 결승골　critical 결정적인, 중대한
outmaneuver 책략으로 ~에게 이기다, ~의 허를 찌르다　metaphor 은유
outsmart ~을 압도하다　elbow 팔꿈치로 밀어제치고 나아가다. (몸을) 들이밀다

Park's signing with the storied English club Manchester United in July has cemented his status as a national icon. No matter that he has yet to score any goals and hasn't been given much time on the field. He's already proved he can cut it in Europe - after his World Cup success, Park signed with the Dutch side PSV Eindhoven, for whom he did well in the European Champions League. Now he faces a new challenge in the ultra-competitive, physically grueling English Premier League. Park believes he'll work his way to the top again, even if he only gets five minutes on the field. "I know if I do well during those 5 minutes, the coach will give me 10 minutes or even 15," he says. "I'll take it slow and do my best." His fans don't doubt that he'll do whatever it takes, even if that means downing another dose of frog potion.

박지성이 영국의 유명한 축구클럽인 Manchester United 와 7월에 계약한 것은 국가의 아이콘으로서 그의 지위를 굳게 해주었다. 그가 아직 어떤 골도 넣지 못하고 운동장에서 많은 시간을 출전하지 못한 것과는 관계없이. 그는 유럽에서 잘 헤쳐 나갈 수 있다는 것을 벌써 증명했다. 월드컵의 성공 이후, 그는 네덜란드 팀인 PSV Eindhoven 과 계약을 했고, European Champions League 에서 그 팀을 위해 좋은 경기를 했다. 이제 그는 지나치게 경쟁적이고 육체적으로 격렬한 English Premier League 에서 새로운 도전에 직면한다. 그는 경기장에서 단지 5분 동안만 뛴다할지라도 다시 정상에 오를 수 있다고 믿는다. 그는 "만약 내가 그 5분 동안 잘 할 수 있다면 코치는 내게 10분이나 심지어 15분도 뛰게 해 줄 것이라는 것을 알고 있다. 나는 천천히 그것을 해 낼 것이고 최선을 다 할 것이다." 라고 말한다. 그의 팬들은 시간이 얼마가 걸리든 간에, 심지어 그것이 또 다른 개구리 즙을 마시는 것을 의미할지라도, 그가 해낼 것을 의심하지 않는다.

Smart Vocabulary

storied 유명한, 잘 알려진   cement 결합하다, (우정 따위를) 굳게 하다
status 상태, (사회적) 지위, 자격, 신분   cut (물·길 등을) 헤치고 나아가다
side (적과 자기편의) ~쪽, ~편, 팀   ultra-competitive 지나치게 경쟁적인
physically 육체적으로   grueling 심한, 격렬한   potion (한 번 마실 만큼의) 물약

19. Rain

The Magic Feet from Korea

By BRYAN WALSH

Rain is big - big! - in Japan. The South Korean king of pop also fills seats in Beijing, Pusan and Bangkok. In Hong Kong his concerts sell out in 10 minutes, and across much of Asia, fans snap up pirated videos of his soap operas. Thanks to his angelic face, killer bod and Justin Timber-like dance moves, Rain, 23, has ridden the crest of hallyu, or the Korean wave, the Asia-wide obsession for that country's pop culture. But the ambition that lifted Rain (real name: Ji Hoon Jung) out of a one-room house in Seoul won't be sated by simply conquering the biggest continent on earth. Rain is looking east to the U.S., studying English day and night. He sold out two shows at Madison Square Garden's smaller venue in February, and that could be just a few drops of the deluge that some think will follow the release of his English-language debut album this fall.

Yet even if Rain, whose style virtually clones American pop, fails to make it in the U.S., the trend he represents is here to stay. Rain is the face — and well-muscled torso — of pop globalism. Before he visited the U.S., Rain already had a fan base, thanks to Internet music sites, satellite TV and DVDs of his soap operas. Those are the same media that make it easier than ever for growing numbers of Americans to get their fix of Japanese anime, Bollywood films and Korean music — and vice versa. Pop culture no longer moves simply in a single direction, from the West to the rest of the world. Instead, it's a global swirl, no more constrained by borders than the weather. Rain, after all, falls on everyone.

19. 한국의 마법의 발

By BRYAN WALSH

비는 대단하다 - 일본에서 대단하다! 또한 한국의 팝의 제왕은 베이징, 부산, 방콕에서도 좌석을 가득 채웠다. 홍콩에서 그의 콘서트는 10분 만에 다 팔렸고, 아시아의 많은 지역에서 팬들은 그가 출연한 드라마의 해적판 비디오를 앞을 다투어 샀다. 그의 천사 같은 얼굴, 멋진 몸, Justin Timber 와 같은 춤 동작 덕분에, 23세인 비는 한국의 팝 문화에 대한 아시아 전역의 집착이라고 할 수 있는 한류의 절정에 있다. 그러나 서울에서 원룸 집에서부터 비 (본명이 정지훈)를 끌어올린 야심은 지구상에서 가장 큰 대륙을 단순히 정복한 것에 만족하지 않을 것이다. 비는 밤낮으로 영어를 공부하며 동쪽인 미국을 바라보고 있다. 그는 2월에 Madison Square Garden 의 작은 공연장에서 두 번의 쇼를 매진시켰고, 그것은 일부 사람들이 생각하는 것처럼, 이번 가을 영어 데뷔 앨범의 출시로 이어질 대홍수의 단지 몇 방울일 것이다.

그러나 만약 비가 - 그의 스타일이 실제로 미국의 팝과 닮았는데 - 미국에서 히트하지 못한다면, 그가 대변하는 유행은 아시아에만 머물러있을 것이다. 비는 팝 세계화의 얼굴이며, 팝 세계화의 근육이 잘 발달한 몸통이다. 미국을 방문하기 전에, 비는 인터넷 음악 사이트나 위성 TV, 그가 출연한 드라마의 DVD 덕분에 벌써 많은 팬들을 갖고 있다. 그것들은 더 많은 미국인들이 일본의 만화 영화나 인도의 영화 그리고 한국의 음악에 - 반대의 경우도 - 관심을 갖는 것을 더 쉽게 해주는 똑같은 매체이다. 팝 문화는 서구로부터 세계의 나머지 지역으로 처럼, 더 이상 단순히 한 방향으로만 움직이지 않는다. 대신에 그것은 국경에 의해 제한되지 않는 것은 날씨에 의해 제한되지 않는 것과 같다. 비는 결국 모든 사람에게 내린다.

Smart TOEIC

1. In Hong Kong his concerts sell____in 10 minutes, and across much of Asia, fans snap up pirated videos of his soap operas.

   (A) out
   (B) in
   (C) to
   (D) on

2. Thanks____his angelic face, killer bod and Justin Timber-like dance moves, Rain, 23, has ridden the crest of hallyu, or the Korean wave, the Asia-wide obsession for that country's pop culture.

   (A) out
   (B) in
   (C) to
   (D) on

3. Yet even if Rain,____style virtually clones American pop, fails to make it in the U.S., the trend he represents is here to stay.

   (A) that
   (B) which
   (C) whom
   (D) whose

Smart TOEIC

1. 홍콩에서 그의 콘서트는 10분 만에 다 팔렸고, 아시아의 많은 지역에서 팬들은 그가 출연한 드라마의 해적판 비디오를 앞을 다투어 샀다.

    (A) out　　　(B) in　　　(C) to　　　(D) on

2. 그의 천사 같은 얼굴, 멋진 몸, Justin Timber 와 같은 춤 동작 덕분에, 23세인 비는 한국의 팝 문화에 대한 아시아 전역의 집착이라고 할 수 있는 한류의 절정에 있다.

    (A) out　　　(B) in　　　(C) to　　　(D) on

3. 그러나 만약 비가 - 그의 스타일이 실제로 미국의 팝과 닮았는데 - 미국에서 히트하지 못한다면, 그가 대변하는 유행은 아시아에만 머물러 있을 것이다.

    (A) that　　　(B) which　　　(C) whom　　　(D) whose

1.(A)　2.(C)　3.(D)

Smart Vocabulary

snap up 앞을 다투어 잡다(빼앗다) ~을 낚아(잡아) 채다
pirate 저작권(특허권) 을 침해하다　soap opera 드라마　bod 사람, 몸
dance move 춤 동작　crest 최고조, 클라이맥스; 절정　obsession 강박관념, 집착
sate 충분히 만족시키다　venue 개최(지정)지　deluge 대홍수, 큰물, 호우, 쇄도
clone 꼭 닮게 만들다　well-muscled 근육이 잘 발달한
torso (인체의) 몸통(trunk), (비유적) 미완성 작품　anime 일본 만화 영화
vice versa (보통 and ~로; 생략문으로서) 거꾸로, 반대로
Bollywood (신조어) 인도의 영화나 영화업계　swirl 소용돌이
constrain 속박하다, 구속하다, 강제하다, 강요하다
no more A than B　A가 아닌 것은 B가 아닌 것과 같다, B가 아닌 것과 같이 A도 아니다

20. Michelle Wie

Golf's Teenage Sensation

By JEFF CHU

For Michelle Wie, it's sweet to be 16. The Hawaiian high schooler, who turned pro only in October, is already No. 2 in the women's world golf rankings. She tops the pay scale, pocketing about $10 million a year in endorsements from Nike and Sony. Her sponsors are betting on a player who has never won a pro tourney. "They believe in my dreams," she says.

Those dreams are big. Wie is driving her way straight through golf's formidable gender barriers. She refuses to limit herself to ladies' events and intends to be the first woman to play the Masters. She has the talent: her game has both power and finesse, and her tenacity is Tiger-like. With her pinup looks and giggly charm - deployable in English, Korean, Japanese and teenspeak (pop star Rain, a fellow *Time* 100 honoree, and Star Wars' Hayden Christensen are "supercute"; her prom dress this year is "soooo pink") - she's already drawing new fans to golf around the globe. To quiet her skeptics, Wie will need to win titles, and she thinks this may be the year. "I can feel it coming," she says confidently. Fore!

20. Michelle Wie

골프의 10대 센세이션

By JEFF CHU

　Michelle Wie 에게, 16세가 된다는 것은 기분 좋은 일이다. 단지 10월에 프로로 전향한 하와이의 고등학생은 벌써 세계 여자 골프 랭킹의 2인자가 되었다. 그녀는 Nike 와 Sony 광고에서 일 년에 약 천만 달러를 벌어들이면서, 수입에서는 최고의 선수가 된다. 그녀의 후원사들은 프로 토너먼트에서 아직 우승하지 못한 선수에게 큰 돈을 걸고 있다. 그녀는 "그들이 나의 꿈을 믿는다"라고 말한다.
　그 꿈은 매우 크다. Wie 는 골프의 매우 어려운 젠더의 장벽을 뚫고 질주하고 있다. 그녀는 자신을 여자 선수들의 대회에만 제한하는 것을 거부하고, Masters 대회에서 경기하는 첫 번째 여자 선수가 되려고 한다. 그녀는 재능을 갖고 있다. 그녀의 경기는 힘과 솜씨를 모두 갖고 있으며, 그녀의 끈기는 Tiger Wood 와 같다. 그녀의 아름다운 모습과 킬킬 웃는 매력 - 영어, 한국어, 일본어, 10대 은어 (Time지가 100인으로 선정한 동료인 팝 스타 Rain 과 Star Wars 의 Hayden Christensen 은 너무 귀엽고, 올 해 그녀의 무도회 드레스는 너무 분홍색이다) 를 모두 활용하는 - 그녀는 벌써 전 세계에서 새로운 팬들은 골프로 끌어들이고 있다. 회의론자들을 안심시키기 위해서, Michelle Wie 는 대회에서 우승할 필요가 있다. 그녀는 그것이 올해가 될 것이라고 생각한다. 그녀는 "나는 그것이 오고 있음을 느낄 수 있다" 라고 자신만만하게 말한다. 자, 공 간다!

Smart TOEIC

1. She tops the pay scale,____about $10 million a year in endorsements from Nike and Sony.

   (A) pocket
   (B) is pocketing
   (C) pocketing
   (D) pocketed

2. ____her pinup looks and giggly charm - deployable in English, Korean, Japanese and teenspeak (pop star Rain, a fellow Time 100 honoree, and Star Wars' Hayden Christensen are "supercute"; her prom dress this year is "soooo pink") - she's already drawing new fans to golf around the globe.

   (A) With
   (B) In
   (C) On
   (D) To

3. To quiet her skeptics, Wie will need to win titles, and she thinks this may be the year. "I can feel it coming," she says____.

   (A) confidence
   (B) confident
   (C) confidently
   (D) confide

Smart TOEIC

1. 그녀는 Nike 와 Sony 광고에서 일 년에 약 천만 달러를 벌어들이면서, 수입에서는 최고의 선수가 된다.

   (A) pocket　　(B) is pocketing　　(C) pocketing　　(D) pocketed

2. 그녀의 아름다운 모습과 킬킬 웃는 매력 – 영어, 한국어, 일본어, 10 대 은어 (Time 지가 100인으로 선정한 동료인 팝 스타 Rain 과 Star Wars 의 Hayden Christensen 은 너무 귀엽고, 올 해 그녀의 무도회 드레스는 너무 분홍색이다) 를 모두 활용하는 – 그녀는 벌써 전 세계에서 새로운 팬들은 골프로 끌어들이고 있다.

   (A) With　　(B) In　　(C) On　　(D) To

3. 회의론자들을 안심시키기 위해서, Michelle Wie 는 대회에서 우승할 필요가 있다.

   (A) confidence　　(B) confident　　(C) confidently　　(D) confide

   1.(C) 2.(A) 3.(C)

Smart Vocabulary

sensation 센세이션, 물의, 평판(이 대단한 것), 대사건   pay scale 급여 등급, 지불액
endorsement (유명인의 텔레비전 등에서의 상품) 보증 선전
bet (경마 · 내기 등에) 돈을 걸다　(~이) 틀림없다(분명하다)   t
ourney = TOURNAMENT   formidable 무서운, 만만찮은, 매우 어려운
barrier 장벽, 장애(물), 방해   finesse 교묘한 처리(기교), 솜씨   tenacity 고집, 끈기
pinup 벽에 꽂는(거는), 인기 있는 미인 등의 사진   giggly 킥킥 웃는
deployable 배치(동원)할 수 있는, 효율적으로 활용할 수 있는
teenspeak 10대 은어   prom 무도회, 댄스 파티   skeptic 회의론자
confidently 확신을 갖고, 대담하게, 자신만만하게   fore[골프]공 간다!

21. Jim Yong Kim

Treating the "Untreatable"

By TRACY KIDDER

What does it mean to be the chief of both the Department of Social Medicine at Harvard Medical School and the Division of Social Medicine at Boston's Brigham and Women's Hospital? For Jim Yong Kim, 46, it means trying to solve some of the world's most difficult problems.

Ten years ago, Kim was working in the slums of Lima, Peru, with a team of doctors from the charity Partners in Health, based in Cambridge, Mass. They encountered an epidemic of drug-resistant TB. Experts had long agreed that it was impossible to treat this disease in such a setting. Kim and his colleagues proved the experts wrong. Moreover, Kim led a campaign that forced down the prices of the necessary drugs about 90%. Since then, 36 countries have adopted the protocols Kim and his colleagues devised.

21. 김용

치료할 수 없는 것을 치료하는 것

By TRACY KIDDER

 Harvard 의과대학의 공중의학과와 보스톤의 Brigham and Women's Hospital의 공중의학과 두 부서에서 모두 책임자가 된다는 것은 무엇을 의미하는가? 46세인 Jim Yong Kim 에게 그것은 세계에서 가장 어려운 문제를 해결하기 위해 노력하는 것을 의미한다.
 10년 전, 김용은 메사추세츠 캠브리지에 본부를 둔 자선 Partners in Health 소속의 의사들과 함께 페루의 리마 슬럼가에서 일하고 있었다. 그들은 약에 내성이 있는 TB 라는 전염병과 마주쳤다. 전문가들은 그러한 환경에서 이 병을 치료하는 것이 불가능하다는 것에 오랫동안 동의해 왔다. 김용과 그의 동료들은 전문가들이 틀렸다는 것을 증명했다. 더욱이, 김용은 필요한 약의 가격을 90% 쯤 강제로 내리는 캠페인을 이끌었다. 그 때 이래로, 36개국이 김용과 그의 동료들이 고안한 의정서를 채택했다.

"If we can do this with drug-resistant TB, why not with AIDS?" Kim said to me when I first met him. In wealthy countries, AIDS has become a treatable disease. But in what is euphemistically called the developing world, millions still die from it every year, and only 300,000 were being treated as of 2003. Working for the World Health Organization, Kim created a campaign to increase the number treated to 3 million people by 2005. He called the effort 3 by 5. An impossible goal, many experts felt, and they were right. But by 2005, more than 1 million new patients were being treated, and the total in Africa had increased eightfold. In the high councils of international health, the 3 by 5 campaign was, as Kim put it, "like a bowling ball thrown into a chess match." Officials who two years ago were arguing against universal treatment for AIDS now say they were in favor of it all the time.

One of his students told me that Kim was his most inspirational instructor; he made you believe you could change the world. I have no idea what he'll do next. But looking forward to it gives me a sensation that feels a lot like hope.

내가 처음 김용을 만났을 때, 그는 "만약 우리가 약에 내성이 있는 TB에 대해 이것을 할 수 있다면, 왜 AIDS 에는 안되는가? 라고 내게 말했다. 부유한 나라에서 AIDS 는 치료할 수 있는 질병이 되었다. 그러나 개발하는 나라라고 완곡하게 불리워지는 곳에서, 수백만 명의 사람들이 아직도 매년 AIDS 로 죽고, 단지 2003년 현재 단지 30만 명의 사람들이 치료받고 있다. 세계 보건 기구에서 일하면서, 김용은 2005년까지 치료받는 사람들의 숫자를 3백만 명으로 증가시키려는 캠페인을 시작했다. 그는 이러한 노력을 3x5 라고 불렀다. 많은 전물가들이 불가능한 목표라고 느꼈고, 그들이 맞았다. 그러나 2005년 까지 백만 명 이상의 새로운 환자들이 치료받고, 아프리카에서 치료받는 전체 환자들이 8배 증가했다. 국제 보건 기구의 고위 대책 회의에서 3x5 캠페인은, 김용이 말한 것처럼, "체스 경기에 던진 볼링 공과 같았다." 2년 전에 AIDS 에 대한 보편적인 치료에 반대했던 관리들은 지금 그들이 항상 그것에 찬성한다고 말한다.

그의 학생들 중 한 명은 김용이 가장 영감을 주는 선생님이라고 내게 말했다. 그는 당신이 세상을 변화시킬 수 있다고 믿게 만든다. 나는 그가 다음에 무엇을 할지 모른다. 그러나 그것을 기대하는 것은 희망처럼 느낄 수 있는 기분을 나에게 준다.

Smart TOEIC

1. Since then, 36 countries _____ the protocols Kim and his colleagues devised.

    (A) has
    (B) have
    (C) has adopted
    (D) have adopted

2. But in what is euphemistically called the developing world, millions still die from it every year, and only 300,000 were being treated as ___2003.

    (A) in
    (B) of
    (C) at
    (D) to

3. But looking forward to it ___ me a sensation that feels a lot like hope.

    (A) gives
    (B) give
    (C) has given
    (D) have given

Smart TOEIC

1. 그 때 이래로, 36개국이 김용과 그의 동료들이 고안한 의정서를 채택했다.

   (A) has　　(B) have　　(C) has adopted　(D) have adopted

2. 그러나 개발하는 나라라고 완곡하게 불리워지는 곳에서, 수백만 명의 사람들이 아직도 매년 AIDS 로 죽고, 단지 2003년 현재 단지 30만 명의 사람들이 치료받고 있다.

   (A) in　　(B) of　　(C) at　　(D) to

3. 그러나 그것을 기대하는 것은 희망처럼 느낄 수 있는 기분을 나에게 준다.

   (A) gives　　(B) give　　(C) has given　(D) have given

                                    1.(D) 2.(B) 3.(A)

Smart Vocabulary

social medicine 사회 의학, 공중 의학　slum (종종 pl.) 빈민굴, 슬럼가
encounter ~와 우연히 만나다, 마주치다　epidemic 유행병, 전염병
resistant 내성(耐性)이 있는　adopt 채용(채택)하다　protocol 원본, 의정서
euphemistically 완곡하게　council 대책 회의　inspirational 영감을 주는
instructor 선생, 지도자

22. Dr. Lee Jong-wook, 1945-2006

By SHIGERU OMI

Dr. Lee Jong-wook, who died of a brain hemorrhage last week at the age of 61, never really enjoyed the protocol demands of his job as director-general of the World Health Organization (WHO); he seemed happiest rolling up his sleeves and making things happen. When he took the WHO post in 2003, he startled many experts by calling for access to drugs for three million HIV/AIDS sufferers by the end of 2005. It was a hugely ambitious goal and focused global attention as never before on the injustice of people in poor countries dying because they could not afford lifesaving medicine.

I witnessed that same dogged approach to public health many years before, when he and I worked together in the early 1990s on eliminating polio in the Western Pacific - a daunting task made harder by a lack of funds and by long days without sleep.

Dr. Lee was not dismayed. "You know, we're really lucky," he told me once. "This is exhausting work, but how many people get to be involved in a fight as important as the one we're in?" That determination stayed with him until the end.

22. 이종욱 박사, 1945-2006

By SHIGERU OMI

 지난 주 61세에 뇌출혈로 세상을 떠난 이종욱 박사는 세계 보건 기구의 사무총장으로서 그의 일의 의전상의 요구 사항을 결코 즐기지 못했다. 그는 소매를 걷고 일을 할때 가장 행복한 것처럼 보였다. 그가 2003년에 세계 보건 기구의 자리를 맡았을 때, 그는 2005년 말까지 3백만 명의 HIV/AIDS 환자들을 위해 마약에 접근할 수 있도록 공식적으로 요청함으로써 많은 전문가들을 놀라게 했다. 그것은 대단히 야심적인 목표이며, 가난한 나라에서 생명을 구하는 약을 살 수 없기 때문에 죽어가는 사람들의 불평등에 결코 이전에는 없었던 전세계적인 관심을 기울이게 했다.
 나는 여러 해 전, 1990년대 초 서태평양에서 소아마비를 퇴치하기 위해 그와 함께 일했던 그 때에도 대중들의 건강에 대해서도 똑같이 끈질기게 접촉하는 것 – 자금의 부족과 오랫동안 잠을 자지 못해서 더 어려워진 힘겨워진 일 – 을 목격했다.
 이 박사는 낙담하지 않았다. "당신도 알다시피, 우리는 정말 행운이다"라고 그가 예전에 나에게 말했다. "이것은 지치게 만드는 일이지만, 우리가 참여하고 있는 일과 같은 중요한 싸움에 얼마나 많은 사람들이 관련되어 있는가?" 그러한 결심은 마지막까지 그와 함께 남아있었다.

Smart Vocabulary

hemorrhage 출혈   protocol 의전, (문서의) 원본, 의정서
demand (보통 pl.) 요구 사항, 필요 사항   director-general 사무총장
roll up ~을 올리다   calling for (공식적으로) 요구하다   access 접근
HIV 에이즈 바이러스(human immunodeficiency virus)
dogged 완강한, 집요한, 끈질긴   polio 소아마비
daunting 벅찬, 힘겨운, 귀찮은, 어려운   dismay 당황 낙담
exhausting 소모적인, (심신을) 지치게 하는.

23. The Headband That Reads Your Brain

By Brian Ries

One hundred forty years ago, an English scientist observed electrical impulses flowing across the brains of a living rabbit by using a type of electrode, known as a galvanometer, directly on the animal's gray matter. Fifty years later, a German neurologist surgically inserted silver wires into the scalps of his human patients to measure electrical charges, inventing an early version of the electroencephalogram, or EEG.

Both were groundbreaking experiments — if somewhat unpleasant to their subjects. Today measuring the brain's electrical activity is far less intrusive. And by this fall it will be downright stylish.

A small team of entrepreneurs with computer- and cognitive-science backgrounds recently unveiled plans for a futuristic-looking headband that tracks your focus by reading the electrical currents of your brain in real time.

23. 당신의 뇌를 읽는 머리띠

By Brian Ries

　140년 전, 영국 과학자가 동물의 그레이(전리 방사선 흡수선량) 문제에 직접적으로 작용하는 검류계의 한 형태를 사용하여 살아있는 토끼의 뇌를 가로질러 흐르는 전기 자극을 목격했다. 50년 후, 독일 신경학자는 뇌파도 (EEG) 의 초기 형태를 발명하면서, 외과적으로 전기 충전을 측정하기 위해 은 철사를 자신의 인간 환자의 머릿가죽에 삽입했다.
　이 둘은 모두 획기적인 실험이었다 – 만약 다소 그들의 주제에 불쾌하다면. 오늘날 뇌의 전기 활동을 측정하는 것은 훨씬 덜 삽입하게 된다. 이렇게 덜 삽입함으로써, 그것은 아주 유행이 될 것이다.
　컴퓨터와 인식 과학에 배경을 갖고 있는 기업가들은 최근에 실시간으로 당신의 뇌의 전기 흐름을 읽음으로써 관심이 집중하는 것을 추적하는 초현대적인 머리띠에 대한 계획을 밝혔다.

Started as a $150,000 Kickstarter campaign, the Melon is designed to be used during times of intensified focus, such as when doing yoga, athletics, or homework. Used in conjunction with a mobile app, the Melon allows the ultimate ego trip: watching your brain at work. Visualizing the image of billions of firing neurons, the app also offers helpful tips like, "Hey! It looks like you can't focus right now. Try taking five deep breaths." Or, "Try stretching for a bit."

The tips are not annoying, according to co-creator Arye Barnehama. Rather, he says, the Melon is designed to give "you a greater understanding of yourself."

A prototype Melon has already been developed and tested for both functionality and fashion, and if the Kickstarter campaign is successful, Barnehama and his co-founder will put the headband out into the world, where it will join the Fitbit, the FuelBand, and Jawbone's UP on the bodies of health-conscious, possibly slightly self-obsessed consumers.

150,000 달러의 Kickstarter 캠페인으로 시작된 Melon 은 예를 들면, 요가, 운동, 또는 숙제를 하는 것과 같이 강렬하게 집중하는 시간 동안 사용되도록 고안되었다. 모바일 앱과 함께 사용되는 Melon 은 궁극적인 자아 여행을 할 수 있도록 해주어서, 당신의 뇌가 작동하는 것을 볼 수 있다. 수많은 자극하는 신경의 이미지를 상상하며, 그 앱은 또한 "이봐! 당신은 지금 집중할 수 없는 것처럼 보여. 다섯 번 깊이 심호흡을 해봐" 또는 "약간 스트레칭을 해봐"와 같은 도움이 되는 정보를 제공한다.
　공동 제작자인 Arye Barnehama 에 따르면, 그러한 조언들은 성가시게 하는 것이 아니다. 오히려, 그는 Melon 이 "당신이 당신 자신을 더 잘 이해할 수 있게" 해주기 위해서 고안되었다고 말한다. 그리고 만약 Kickstarter 캠페인이 성공한다면, Barnehama 와 그의 공동 설립자는 그 머리띠를 세상에 내놓을 것이며, 그 곳에서 그것은 건강을 의식하고, 아마도 약간 자기중심적인 소비자들의 몸에서 the Fitbit, the FuelBand, and Jawbone's UP 와 함께 할 것이다.

Smart TOEIC

1. Today measuring the brain's electrical activity is_____less intrusive

    (A) ever
    (B) all
    (C) far
    (D) as

2. Started as a $150,000 Kickstarter campaign, the Melon is designed to be used during times of intensified focus, such_____when doing yoga, athletics, or homework.

    (A) ever
    (B) all
    (C) far
    (D) as

3. Used in conjunction_____a mobile app, the Melon allows the ultimate ego trip: watching your brain at work.

    (A) on
    (B) with
    (C) at
    (D) to

Smart TOEIC

1. 오늘날 뇌의 전기 활동을 측정하는 것은 훨씬 덜 삽입하게 된다.

    (A) ever   (B) all   (C) far   (D) as

2. 150,000 달러의 Kickstarter 캠페인으로 시작된 Melon 은 예를 들면, 요가, 운동, 또는 숙제를 하는 것과 같이 강렬하게 집중하는 시간 동안 사용되도록 고안되었다.

    (A) ever   (B) all   (C) far   (D) as

3. 모바일 앱과 함께 사용되는 Melon 은 궁극적인 자아 여행을 할 수 있도록 해주어서, 당신의 뇌가 작동하는 것을 볼 수 있다.

    (A) on   (B) with   (C) at   (D) to

1.(C) 2.(D) 3.(B)

Smart Vocabulary

impulse 충격, 자극, (마음의) 충동   electrode 전극   galvanometer 검류계
gray 그레이(전리 방사선 흡수선량)   neurologist 신경과의사, 신경학자
surgically 외과적으로   scalp 머릿가죽   charge 충전
electroencephalogram 뇌파도, 뇌전도   groundbreaking 획기적인
intrusive 침입하는, 거슬리는   downright 명백한, 완전한   entrepreneur 실업가, 기업가
cognitive 인식의   cognitive-science 인지 과학   unveil a plan 계획을 밝히다
current 흐름   kick start(er) (오토바이 따위의) 페달을 밟아서 조작하는 시동기
intensify 강렬하게 하다, 증강하다   in conjunction with ~와 함께, ~와 협력하여
ultimate 최후의, 마지막의, 궁극의   fire 자극하다, 격앙시키다   neuron 신경 단위, 뉴런
annoy 괴롭히다, 귀찮게(성가시게) 굴다   prototype 원형, 표준, 모범
obsess 사로잡히다

24. The Secrets of the Lotus

By Christopher Dickey

Science and mysticism converge around the sacred lotus plant, Nelumbo nucifera. The beautiful flower afloat on ponds throughout Asia (not to be confused with waterlilies) has been cultivated in China for at least 4,000 years. It looms large in both Buddhist and Hindu art. Its various parts are used in exotic cuisine, herbal teas, and traditional medicines. Lotus leaves repel dirt and water. Its flowers generate heat. Its fruit is covered with antibiotics. And now scientists from UCLA and their colleagues in China have sequenced the sacred lotus genome. Their interest sprang from the discovery in the 1990s that centuries-old lotus seeds could still germinate, and some are alive after 1,300 years. Jane Shen-Miller, co-author of the study published earlier this month, says there are lessons to be learned that could be important for the longevity of other plants, but also, eventually, for humans. "If our genes could repair disease as well as the lotus's genes, we would have healthier aging," she said. "We need to learn about its repair mechanisms and about its biochemical, physiological, and molecular properties, but the lotus genome is now open to everybody."

24. 연꽃의 비밀

By Christopher Dickey

과학과 신비주의는 신성한 연꽃 식물인 Nelumbo nucifera 주변에 모인다. 아시아 전역에서 연못에 떠있는 아름다운 꽃은 (수련과 혼동되지는 않는다) 적어도 4천년 동안 중국에서 재배되어 왔다. 그것은 불교와 힌두교 예술에서 많이 보인다. 그 꽃의 다양한 부분들은 외국 요리, 허브 차, 전통의학에서 사용된다. 연꽃잎들은 먼지와 물이 묻지 않도록 한다. 연꽃들은 열을 만들어낸다. 연꽃의 열매들은 항생 물질들로 덮여있다. 그리고 이제 UCLA 의 과학자들과 중국의 동료들은 신성한 연꽃 게놈을 배열해왔다. 그들의 관심은 1990년대 몇백 년된 연꽃 씨앗들이 아직도 싹이 트고, 일부는 1300년 동안 살아있다는 사실을 발견한 것에서 비롯되었다. 이번 달 초 발표된 연구의 공동 저자인 Jane Shen-Miller 는 다른 식물의 수명 뿐 아니라 결국 인간의 수명에도 중요한 내용, 즉 우리가 배워야 할 내용이 많이 있다고 말한다. 그녀는 "만약 우리의 유전자가 연꽃의 유전자만큼 병을 치료한다면, 우리는 더 건강한 노년을 보낼 것이다." 라고 말한다. "우리는 연꽃의 메커니즘과 그것의 생화학적이고, 생리적이며, 분자로서의 성질에 관하여 배워야 할 필요가 있지만, 연꽃 게놈은 지금 모든 사람들에게 알려져 있다."

Smart TOEIC

1. The beautiful flower afloat on ponds throughout Asia (not to be confused with waterlilies)_____ in China for at least 4,000 years.

   (A) cultivated
   (B) was cultivated
   (C) has cultivated
   (D) has been cultivated

2. It looms large in both Buddhist_____Hindu art. Its various parts are used in exotic cuisine, herbal teas, and traditional medicines.

   (A) and
   (B) or
   (C) but
   (D) that

3. If our genes could repair disease as well as the lotus's genes, we_____healthier aging

   (A) have
   (B) had
   (C) would have
   (D) would have been

Smart TOEIC

1. 아시아 전역에서 연못에 떠있는 아름다운 꽃은 (수련과 혼동되지는 않는다) 적어도 4천년 동안 중국에서 재배되어 왔다.

   (A)cultivated   (B)was cultivated
   (C)has cultivated   (D)has been cultivated

2. 그것은 불교와 힌두교 예술에서 많이 보인다. 그 꽃의 다양한 부분들은 외국 요리, 허브차, 전통의학에서 사용된다.

   (A)and   (B)or   (C)but   (D)that

3. 만약 우리의 유전자 연꽃의 유전자만큼 병을 치료한다면, 우리는 더 건강한 노년을 보낼 것이다.

   (A)have   (B)had   (C)would have   (D)would have been

   1.(D) 2.(A) 3.(C)

Smart Vocabulary

mysticism 신비, 신비주의   converge ~에 모이다, 모으다   lotus 연(꽃)
Nelumbo nucifera 연꽃   afloat (물·하늘에) 떠서   waterlily 수련(pond lily)
loom 어렴풋이 보이다, 아련히 나타나다   exotic 외국의, 이국적인
repel 쫓아버리다, 반발하다   antibiotic 항생 물질   sequence (자료를) 배열하다
germinate 싹트게 하다, 발달(발생, 발육)시키다, (생각 따위를)생기게 하다
longevity 수명, 장수   eventually 드디어, 결국   gene 유전자   aging 노화, 숙성
biochemical 생화학의, 생화학적인   physiological 생리학(상)의, 생리적인
molecular 분자의, 분자로 된   property 성질, 특성

25. Dinosaurs May Have Slept Like Humans, Study Shows

Reptiles cycle through REM sleep too

Reptiles experience the same stages of sleep as humans do, according to a new study, which suggests dinosaurs may have slept like humans as well.

The study, published in the journal *Science* on Thursday, analyzed results from probes placed in the forebrains of five Australian bearded dragons that monitored the reptiles' brain activity as they slept. The researchers found that the dragons cycled through REM and slow-wave sleep patterns, just like mammals and birds do (although with different frequency and timing of the cycles).

"The results were indeed surprising, because the prevailing view has been that REM and slow-wave sleep are limited to mammals and birds, excluding non-avian reptiles," Gilles Laurent, co-author of the study, told the *Huffington Post*.

The results also show that these sleep cycles evolved much earlier than previously thought, possibly back to the emergence of amniotes, the study says. Amniotes are the common ancestor shared by mammals, birds and reptiles and existed about 300 million years ago. This means that dinosaurs, too, may have gone through REM and slow-wave sleep cycles.

25. 한 연구는 공룡들이 인간들처럼 잠을 잤을 것이라고 주장한다

파충류의 동물들도 또한 렘 수면을 순환한다

공룡들이 인간들처럼 잠을 잤을 지도 모른다고 시사하는 새로운 연구에 따르면, 파충류들은 인간들이 경험하는 것처럼 똑같은 수면의 단계를 경험한다.

목요일에 *Science*지에 발표된 그 연구는 다섯 마리의 오스트레일리아의 수염이 난 날도마뱀의 전뇌를 조사한 결과를 분석했는데, 그것은 파충류들이 잠을 잘 때 뇌의 활동을 모니터한 것이다. 연구자들은 날도마뱀들이 포유동물들이나 조류들이 순환하는 것과 같이, 렘과 느린 파동의 수면 패턴을 순환을 경험한다는 것을 발견했다(비록 빈도와 순환의 타이밍은 다를지라도).

그 연구의 공동 저자인 Gilles Laurent 는 "그 결과는 정말 놀라운 것이었다. 왜냐하면 지금까지 유력한 견해는 렘과 느린 파동의 수면이 포유동물과 조류에게만 제한되어 있고, 비조류 파충류를 제외하는 것이었기 때문이다." 라고 *Huffington Post*지에 말했다.

또한 그 결과는 이러한 수면 싸이클이 전에 생각했던 것보다 훨씬 더 일찍 전개됐으며, 아마도 양막류의 동물의 출현에까지 거슬러 올라갈 수 있을 것이라고 그 연구는 말한다. 양막류의 동물 등은 포유동물과 조류, 그리고 파충류의 동물들이 공유하는 공동의 조상이고, 300 만년 전에 존재했다. 이것은 공룡들도 역시 렘과 느린 파동의 수면 싸이클을 경험했을 지도 모른다는 것을 의미한다.

Smart TOEIC

1. Reptiles experience the same stages of sleep as humans___, according to a new study, which suggests dinosaurs may have slept like humans as well.

   (A) does
   (B) do
   (C) did
   (D) done

2. "The results were indeed___, because the prevailing view has been that REM and slow-wave sleep are limited to mammals and birds, excluding non-avian reptiles,"

   (A) surprise
   (B) surprised
   (C) surprising
   (D) have surprise

3. The results also show that these sleep cycles evolved___earlier than previously thought, possibly back to the emergence of amniotes, the study says.

   (A) much
   (B) like
   (C) as
   (D) soon

Smart TOEIC

1. 공룡들이 인간들처럼 잠을 잤을 지도 모른다고 시사하는 새로운 연구에 따르면, 파충류들은 인간들이 경험하는 것처럼 똑같은 수면의 단계를 경험한다.

   (A) does   (B) do   (C) did   (D) done

2. "그 결과는 정말 놀라운 것이었다. 왜냐하면 지금까지 유력한 견해는 렘과 느린 파동의 수면이 포유동물과 조류에게만 제한되어 있고, 비조류 파충류를 제외하는 것이었기 때문이다."

   (A) surprise   (B) surprised   (C) surprising   (D) have surprise

3. 또한 그 결과는 이러한 수면 싸이클이 전에 생각했던 것보다 훨씬 더 일찍 전개됐으며, 아마도 양막류의 동물의 출현에까지 거슬러 올라갈 수 있을 것이다라고 그 연구는 말한다.

   (A) much   (B) like   (C) as   (D) soon

   1.(B) 2.(C) 3.(A)

Smart Vocabulary

reptile 파충류의 동물   cycle 순환하다
REM 꿈꿀 때의 급속한 안구 운동 (rapid eye movement)   probe 엄밀한 조사
forebrain 전뇌   dragon 날도마뱀   wave 파동   mammal 포유동물
frequency 횟수, 빈도(수)   prevailing 우세한, 주요한, 유력한, 널리 보급되어 있는, 일반적인
exclude 제외(배제)하다   avian 조류의   evolve 서서히 발전(전개)시키다, 진화시키다
emergence 출현, 발생
amniote 양막류의 동물(척추동물 중 발생 과정에서 양막이 생기는 것; 파충류·조류·포유류)

26. 10,000 Steps

How far do you really need to walk every day?

BY CHRISTINE GORMAN

It seems that anywhere you turn these days, people are wearing pedometers - you know, those little pagerlike devices that attach to your waistband and count the number of steps you take. In the U.S., the American Diabetes Association has packaged one with its new book on the benefits of physical activity, *Small Steps, Big Rewards*, and McDonald's offered a free one with its new Happy Meal for adults, which was test-marketed in Indiana last fall.

How many steps should you rack up? The figure you see most often is 10,000 a day. That's a nice, round number, based on Japanese research showing that it improves fitness. But like so many one-size-fits-all solutions, those 10,000 steps may not all be necessary. "The number 10,000 has developed almost mythical proportions," says Gregory Welk, a physical-activity researcher at Iowa State University in Ames. "It's actually not yet clear at what point you start getting a benefit." In fact, if all you want is to stop gaining weight, you may need only 2,000 steps more than your normal routine - provided you also pay attention to what you eat.

26. 만보

당신은 매일 얼마나 걸어야 할 필요가 있을까?

BY CHRISTINE GORMAN

　당신이 요즘 보는 곳이면 어느 곳에서나, 사람들이 만보계를 차고 있는 것처럼 보인다 - 당시도 알다시피, 작은 삐삐처럼 생긴 장치는 당신의 허리띠에 부착하여 당신이 걷는 발걸음의 수를 센다. 미국에서, 미국 당뇨병 학회는 신체적인 활동의 이익에 대한 새로운 책 *Small Steps, Big Rewards*과 함께 만보계를 패키지로 제작하였고, McDonald's 는 성인을 위한 새로운 Happy Meal 과 함께 무료 만보계를 제공했고 그것은 지난 가을 Indiana에서 시험 출시되었다.
　얼마나 많이 걸어야 할까? 당신이 가장 자주 보는 숫자는 하루에 만보이다. 그것은 좋고 상당한 숫자인데, 그 정도 걸으면 건강을 향상시켜준다는 것을 보여준 일본 연구자에 기초한 것이다. 그러나 두루 적용되도록 만든 많은 해결책들과 같이, 만보는 항상 필요한 것을 아닐 것이다. Iowa State University 의 신체 활동 연구자인 Gregory Welk 은 "만이라는 숫자 거의 가공의 숫자를 개발한 것이다"라고 말한다. "어느 정도 걸었을 때 당신이 이익을 얻기 시작하는지에 대해서는 실제로 아직 분명하지 않다" 사실, 만약 당신이 원하는 것이 체중이 늘어나는 것을 멈추는 것이라면, 일상보다 단지 이천 보 더 걷는 것이 필요할 것이다 - 만약 당신이 먹는 것에 관심을 기울인다면.

Smart TOEIC

1. It seems that anywhere you turn these days, people are wearing pedometers - you know, those little pagerlike devices that attach____your waistband and count the number of steps you take.

   (A) in
   (B) to
   (C) on
   (D) at

2. That's a nice, round number, based____Japanese research showing that it improves fitness.

   (A) in
   (B) to
   (C) on
   (D) at

3. In fact, if all you want is to stop gaining weight, you may need only 2,000 steps more than your normal routine -____you also pay attention to what you eat.

   (A) provide
   (B) to provide
   (C) to be provided
   (D) provided

Smart TOEIC

1. 당신이 요즘 보는 곳이면 어느 곳에서나, 사람들이 만보계를 차고 있는 것처럼 보인다 – 당시도 알다시피, 작은 삐삐처럼 생긴 장치는 당신의 허리띠에 부착하여 당신이 걷는 발걸음의 수를 센다.

    (A) in   (B) to   (C) on   (D) at

2. 그것은 좋고 상당한 숫자인데, 그 정도 걸으면 건강을 향상시켜준다는 것을 보여준 일본 연구자에 기초한 것이다.

    (A) in   (B) to   (C) on   (D) at

3. 사실, 만약 당신이 원하는 것이 체중이 늘어나는 것을 멈추는 것이라면, 일상보다 단지 이천 보 더 걷는 것이 필요할 것이다 – 만약 당신이 먹는 것에 관심을 기울인다면.

    (A) provide   (B) to provide   (C) to be provided   (D) provided

                                1.(B) 2.(C) 3.(D)

Smart Vocabulary

pedometer 만보계   diabetes 당뇨병   rack up 달성하다, 이기다
one-size-fits-all 널리(두루) 적용되도록 만든   mythical 가공의
proportion 비율, 크기, 정도, 양

At least that is the contention of James Hill, an obesity researcher at the University of Colorado in Denver. The average office worker takes about 5,000 steps a day, Hill says. Trying to double that right away may be too much too fast. He calculates that taking an extra 2,000 steps while eating 100 fewer calories a day is enough to keep most people from gaining the typical kilogram a year that comes with middle-age spread. But Hill does concede that 10,000 steps may be necessary to control Type 2 diabetes or to lose weight and keep it off.

Ready to strap on a pedometer and give it a try? A good model will set you back anywhere from $10 to $25. The brand used most often in research is the Digi-Walker by Yamax, but you don't need all the fancy distance and calorie-counter features (those measures are guesstimates at best). A no-frills pedometer is quite accurate if worn for walking, says Barbara Moore of Shape Up America! You'll get the best results if you keep the pedometer in line with what would be the crease line on a pair of trousers. But watch out: pedometers tend to overestimate how much exercise you get while cleaning the house. And it's not fair to shake it to make the counter move!

적어도 그것이 University of Colorado 의 비만 연구자인 James Hill 의 주장이다. 그는 평균적인 사무실 직원이 하루에 오천 보를 걷는다고 말한다. 그것을 즉시 두 배로 만들려고 노력하는 것은 너무 많고 너무 빠르다. 그는 하루에 1000 칼로리를 덜 먹는 동안 이천 보를 더 걷는 것은 대부분의 사람이 일 년에 일반적으로 살이 찌는 것을 막아준다고 계산하는데, 체중이 늘어나는 것은 중년의 뱃살과 함께 나타난다. 그러나 Hill 은 만보가 Type 2 당뇨병을 관리하거나 체중을 줄이고 다시 살이 찌는 것을 막기 위해서 필요할 것이라고 인정한다.

만보계를 차고 시도해보겠는가? 좋은 제품은 10 달러에서 25 달러의 비용이 들 것이다. 연구할 때 가장 자주 사용되는 브랜드는 Yamax 사가 만든 Digi-Walker 이지만, 당신은 모든 멋지고 거리와 칼로리를 계산하는 기능이 필요없을 것이다. (그러한 계산은 기껏해야 추정일 뿐이다). Shape Up America! 의 Barbara Moore 는 만약 걷는 것을 위해 착용한다면, 부가 기능이 없는 만보계가 정확하다고 말한다. 당신이 만보계를 바지의 주름선에 맞추어 착용한다면 최고의 결과를 얻을 것이다. 그러나 주의하시오: 만보계는 당신이 집을 청소하는 동안 얼마나 많이 운동을 했는지를 과대평가하는 경향이 있다. 숫자를 올리기 위해 만보계를 흔드는 것은 옳지 않다.

Smart TOEIC

1. He calculates that taking an extra 2,000 steps while eating 100 fewer calories a day is enough to keep most people____gaining the typical kilogram a year that comes with middle-age spread.

   (A) in
   (B) to
   (C) from
   (D) on

2. But Hill____concede that 10,000 steps may be necessary to control Type 2 diabetes or to lose weight and keep it off.

   (A) do
   (B) does
   (C) did
   (D) done

3. But watch out: pedometers tend to overestimate how ____exercise you get while cleaning the house.

   (A) many
   (B) a lot
   (C) a few
   (D) much

Smart TOEIC

1. 그는 하루에 1000 칼로리를 덜 먹는 동안 이천 보를 더 걷는 것은 대부분의 사람이 일 년에 일반적으로 살이 찌는 것을 막아준다고 계산하는데, 체중이 늘어나는 것은 중년의 뱃살과 함께 나타난다.

    (A) in   (B) to   (C) from   (D) on

2. 그러나 Hill 은 만보가 Type 2 당뇨병을 관리하거나 체중을 줄이고 다시 살이 찌는 것을 막기 위해서 필요할 것이라고 인정한다.

    (A) do   (B) does   (C) did   (D) done

3. 그러나 주의하시오: 만보계는 당신이 집을 청소하는 동안 얼마나 많이 운동을 했는지를 과대평가하는 경향이 있다.

    (A) many   (B) a lot   (C) a few   (D) much

                                    1.(C) 2.(B) 3.(D)

Smart Vocabulary

contention 주장, 논쟁   obesity 비만   typical 전형적인, 대표적인, 보통의, 일반적인
spread 허리가 굵어짐   concede 인정하다   keep off 막다, 떼어놓다
strap 끈으로 매다(묶다)   set back 비용을 들이다   guesstimate 어림짐작, 추정
no frill(s) 남는 부분이 없는, (항공 운임 따위) 불필요한 서비스가 없는, 실질 본위의
overestimate 과대평가하다

27. What You Can Do to Live Long and Well

A large part of longevity is dependent upon genetics. If your family members lived for a long time, chances are you will too. But, cautions Bradley Willcox of the *Okinawa Centenarian Study*, inheriting a solid set of genes doesn't make you bulletproof. "If you don't take care of the Benz, you'll be worse off than if you had a [cared-for] Ford Escort." he says. Here are a few tips to put plenty of miles on the odometer:

By Aryn Baker

EXERCISE

Regular exercise not only helps to maintain flexibility, joint resilience and balance but it also keeps the mind alert and the cardiovascular system healthy. Walking and yoga are particularly good for maintaining fit abdominal muscles. A Canadian study published in the Journal of Medicine and Science in Sports found that participants with weak abs suffered a higher death rate.

STRESS REDUCTION

Asia's most elderly have suffered extreme stress in their lifetimes — multiple wars, hardship and the loss of loved ones. But many share a positive and easygoing attitude that lets them roll with the punches. A study of female centenarians done at the Boston Medical Center in Massachusetts found they tend to be less neurotic than average, as did a similar study in Japan. Gerontologists report that psychological health is far more important than physical health for maintaining well-being in later life.

27. 당신이 오래 건강하게 살기 위해 할 수 있는 것

장수의 큰 부분은 유전학에 달려있다. 만약 당신의 가족이 오래 살았다면, 아마 당신도 그럴 것이다. 그러나 *Okinawa Centenarian Study*의 Bradley Willcox 는 튼튼한 유전자를 물려받는 것이 당신을 방탄으로 만들어주지 않는다고 경고한다. 그는 "만약 당신이 Benz를 잘 관리하지 않는다면, 당신이 잘 관리가 된 Ford Escort를 갖고 있는 것보다 더 않 좋을 것이다"라고 말한다. 여기 주행 기록계에 더 많은 주행 거리를 기록할 수 있는 몇 가지 힌트가 있다.

By Aryn Baker

운동

규칙적인 운동은 유연성, 관절의 회복력, 균형을 유지시키는데 도움이 될 뿐 아니라, 또한 정신을 바짝 차리게 하고 심장혈관계를 건강하게 유지시킨다. 걷기와 요가는 특히 튼튼한 복부의 근육을 유지하는데 좋다. Journal of Medicine and Science in Sports 에 발표된 한 캐나다인의 연구는 약한 복근을 갖고 있는 참가자들은 높은 사망률을 보인다는 결과를 발견했다.

스트레스 감소

아시아의 가장 나이 많은 노인들은 평생 동안 극도의 스트레스 - 많은 전쟁, 어려움, 사랑하는 사람들을 잃는 것과 같은 것들로부터 고통을 받아왔다. 그러나 많은 노인들은 그들로 하여금 힘든 상황에 적응하게 만든 긍정적이고 태평한 태도를 공유한다. Massachusetts 의 Boston Medical Center에서 행해진 여성 백세 노인들에 대한 연구는 평균보다 덜 신경증에 걸리는 경향이 있다는 것을 발견했다. 마치 일본에서 유사한 연구가 그랬던 것처럼. 노인학자들은 노년의 건강을 유지하기 위해서는 육체적인 건강보다 심리적인 건강이 훨씬 더 중요하다는 것을 보고했다.

Smart TOEIC

1. If your family members lived for a long time, chances ___ you will too.

    (A) be
    (B) is
    (C) are
    (D) been

2. Regular exercise not only helps to maintain flexibility, joint resilience and balance but it also___ the mind alert and the cardiovascular system healthy.

    (A) keep
    (B) keeps
    (C) kept
    (D) is keeping

3. A study of female centenarians done at the Boston Medical Center in Massachusetts found they tend to be less neurotic than average, as___ a similar study in Japan.

    (A) do
    (B) does
    (C) did
    (D) done

Smart TOEIC

1. 만약 당신의 가족이 오래 살았다면, 아마 당신도 그럴 것이다.

   (A) be　　(B) is　　(C) are　　(D) been

2. 규칙적인 운동은 유연성, 관절의 회복력, 균형을 유지시키는데 도움이 될 뿐 아니라, 또한 정신을 바짝 차리게 하고 심장혈관계를 건강하게 유지시킨다.

   (A) keep　　(B) keeps　　(C) kept　　(D) is keeping

3. Massachusetts 의 Boston Medical Center에서 행해진 여성 백세 노인들에 대한 연구는 평균보다 덜 신경증에 걸리는 경향이 있다는 것을 발견했다. 마치 일본에서 유사한 연구가 그랬던 것처럼.

   (A) do　　(B) does　　(C) did　　(D) done

   1.(C) 2.(B) 3.(C)

Smart Vocabulary

longevity 장수　genetics 유전학　(The) chances are (that~) 아마 ~일 것이다, ~할 가능성이 충분하다　caution 주의(경고)를 주다
centenarian 나이가 100세인(100세가 넘는) 사람　solid 튼튼한　gene 유전자
bulletproof 방탄이 되는　odometer 주행 기록계　resilience 회복력, 탄력
cardiovascular system 심장혈관계(통)　abdominal 복부의
abs (pl.) 복근(abdominal muscles)　hardship 어려움, 곤란　easygoing 태평한, 마음 편한
roll with the punches 힘든 상황에 적응하다
neurotic 신경증에 걸린, 노이로제에 걸린　gerontologist 노인학자

SEX

Dimming the lights and putting on some mood music might have more benefits than simple stress reduction. A 1997 study published in the *British Medical Journal* tracked 918 men aged 45 to 59 for a decade and found that those who ejaculated less than once a month were twice as likely to die during the study period than men who had orgasms at least twice a week.

MARRIAGE

Increased sexual activity, however, does not mean that swinging singles have any advantage over their coupled counterparts. A 1996 report by the RAND Center for the Study of Aging confirms that married men live longer than confirmed singles. Gerontologists suspect that better nutrition, attentive care during illnesses and the stress-reducing benefits afforded by a steady home life are possible factors. Professor Jean Woo, head of Hong Kong's Sau Po Center on Aging, says stimulating companionship in old age is an additional indicator of longevity.

CHILDBEARING

Mature couples may hesitate to have children, citing studies that link older mothers with an increased risk of birth defects. But a recent study in the British journal Nature found that women who begin childbearing in their 30s or 40s tend to live longer than average. An earlier Harvard study suggests centenarians are four times more likely than average to have had their first child while in their 40s.

섹스

불빛을 흐릿하게 하고 무드있는 음악을 트는 것은 단순한 스트레스 감소보다 더 큰 이점이 있을 것이다. *British Medical Journal*에 발표된 1997년 연구는 45에서 59세의 남성 918명을 십년 동안 추적하여 한 달에 한번 보다 덜 사정하는 사람들은 이 연구가 진행되는 동안 적어도 한 주일에 두 번 오르가즘을 느끼는 남자들보다 죽을 가능성이 두 배 더 높았다.

결혼

그러나 증가하는 성적인 활동은 프리섹스를 하는 독신자들이 배우자가 있는 사람들보다 어떤 이점이 있다는 것을 의미하는 것은 아니다. RAND Center for the Study of Aging 에 의한 1996년 보고서는 결혼한 남자들이 확고부동한 독신자보다 더 오래 산다는 것을 확인했다. 노인학자들은 병이 났을 때 더 좋은 영양과 주의해서 돌보는 것 그리고 꾸준한 가정 생활의 여유로 인해 스트레스를 줄이는 혜택이 가능성이 있는 요인이라고 추측한다. Hong Kong 의 Sau Po Center on Aging 의 책임자인 Jean Woo 교수는 노년에 동료애를 자극하는 것은 장수의 부가적인 지표이다.

출산

성숙한 커플들은 고령의 산모와 선천적인 장애의 위험이 증가하는 것이 관계가 있다는 것을 인용하면서 아이를 갖는 것을 주저할지도 모른다. 그러나 영국의 저널인 Nature 에 발표된 최근의 연구는 30대와 40대에 출산을 시작한 여성들이 평균보다 더 오래 사는 경향이 있다는 것을 발견했다. 더 일찍 발표된 Harvard 대학의 연구는 백세인 사람들은 40대에 첫 아이를 갖는 것이 평균보다 네 배 더 많다는 것을 암시한다.

Smart TOEIC

1. Dimming the lights and____on some mood music might have more benefits than simple stress reduction.

   (A) put
   (B) putting
   (C) to put
   (D) to have put

2. A 1997 study published in the British Medical Journal tracked 918 men aged 45 to 59 for a decade and found that ___who ejaculated less than once a month were twice as likely to die during the study period than men who had orgasms at least twice a week.

   (A) these
   (B) those
   (C) he
   (D) she

3. But a recent study in the British journal Nature found that women who begin childbearing___their 30s or 40s tend to live longer than average.

   (A) with
   (B) despite
   (C) on
   (D) in

Smart TOEIC

1. 불빛을 흐릿하게 하고 무드있는 음악을 트는 것은 단순한 스트레스 감소보다 더 큰 이점이 있을 것이다.

   (A) put　　(B) putting　　(C) to put　　(D) to have put

2. British Medical Journal 에 발표된 1997년 연구는 45에서 59세의 남성 918명을 십년 동안 추적하여 한 달에 한번 보다 덜 사정하는 사람들은 이 연구가 진행되는 동안 적어도 한 주일에 두 번 오르가즘을 느끼는 남자들보다 죽을 가능성이 두 배 더 높았다.

   (A) these　　(B) those　　(C) he　　(D) she

3. 그러나 영국의 저널인 Nature 에 발표된 최근의 연구는 30대와 40대에 출산을 시작한 여성들이 평균보다 더 오래 사는 경향이 있다는 것을 발견했다.

   (A) with　　(B) despite　　(C) on　　(D) in

   1.(B) 2.(B) 3.(D)

Smart Vocabulary

dim 어둑한, 흐릿한　ejaculate 사정하다
swing 부부 교환(그룹 섹스)을 하다, 프리섹스를 하다
confirmed (버릇이나 생활 방식이) 확고부동한
afford (~을 살 · 할 · 금전적 · 시간적)여유(형편)가 되다
suspect ~이 아닌가 하고 생각하다, 추측하다　companionship 동료애, 우정
childbearing 출산, 분만　birth defect 선천적 장애

SLEEP

Shut-eye is essential for repairing daily cell damage, which over time could lead to cancer and breakdown of organ function. A recent survey by the *American Cancer Society* found that participants who slept an average of seven hours a day had the lowest mortality rates. Too much sleep, however, might be worse than not enough: nine hours per night was more risky than four. David Phillips, associate director of the Asia Pacific Institute of Aging Studies, points out that excess sleep can lead to depression, sloth and mental inactivity - proven impediments to long life.

DIET

After good genes, smart eating habits might be the single most important longevity factor. The standard platitudes apply: fruits, vegetables and unprocessed carbohydrates such as rice should make up most of your diet; protein should come mostly from fish or legumes (lentils, chick peas or soy beans); and go easy on the red meat. Moderate consumption of alcohol is O.K. A long-term study by the Harvard School of Public Health and the Beth Israel Deaconess Medical Center shows that daily consumption of a glass of wine, beer or any other kind of alcohol can significantly reduce the risk of coronary disease and heart attack.

수면

잠은 매일 세포의 손상을 고치는데 필수적인데, 시간이 지나면 세포의 손상은 암이나 장기 기능의 고장으로 이어질 수 있다. American Cancer Society의 최근 연구는 하루에 평균 7시간 자는 참가자들이 가장 낮은 사망률을 보였다는 것을 발견했다. 그러나 너무 많은 잠은 충분하지 않은 잠보다 더 나쁘다. 밤에 9시간을 자는 것은 4시간을 자는 것보다 더 위험하다. Asia Pacific Institute of Aging Studies 의 부책임자인 David Phillips 은 과도한 잠이 장수에 방해물로 증명된 우울증, 게으름, 정신적인 무기력으로 이어질 수 있음을 지적한다.

다이어트

좋은 유전자 다음으로, 똑똑한 식사 습관은 단 하나의 가장 중요한 장수의 요소일 것이다. 일반적인 평범함을 적용하면: 과일, 채소, 쌀과 같이 가공하지 않은 탄수화물이 당신의 다이어트의 대부분을 차지해야 한다. 단백질은 주로 생선이나 콩(류)에서 얻어야 하고 (편두, 병아리 콩, 대두). 붉은 색 고기를 적당히 먹어야 한다. 알코올을 적당히 마시는 것은 괜찮다. Harvard School of Public Health 와 Beth Israel Deaconess Medical Center 의 장기간의 연구는 매일 한 잔의 와인, 맥주, 또는 다른 종류의 알코올을 마시는 것은 심장병과 심장 마비의 위험을 상당히 줄여 준다는 것을 보여준다.

Smart Vocabulary

breakdown 고장   mortality rate 사망률   impediment 방해   platitude 단조로움, 평범함
carbohydrate 탄수화물   go easy on ~을 적당히(조심해서) 하다
moderate 알맞은, 적당한, 삼가는   consumption 먹는(마시는) 것
coronary 심장의, 관상동맥의

28. 10 Things We Learned About Blogs

Radio had its golden age in the 1930s. In the 1950s, it was television's turn. Historians may well date the golden age of the blog from 2004 – when Merriam-Webster.com's most searched-for definition was blog. How long can it last? Who knows? Here's what we discovered about the new medium this year.

By CHRIS TAYLOR

Blogging Can Get You Fired

When Delta flight attendant Ellen Simonetti, 30 - a leggy blond and self-styled "queen of the sky" - began her blog, she thought it would be fun to post pinup snapshots of herself in uniform. Delta wasn't amused and promptly fired her. Undaunted, Simonetti retitled the blog Diary of a Fired Flight Attendant and detailed her legal battle to get her job back.

Bloggers Get Scoops Too

After book editor Russ Kick read that the U.S. military was clamping down on press photos of coffins coming back from Iraq, he didn't just pen an angry rant on his blog, the Memory Hole. He filed a Freedom of Information Act request - and embarrassingly for the Pentagon, was mailed a CD from the Air Force with 361 coffin snaps, which he promptly posted. The national press, which hadn't thought to ask whether the military had pictures, beat a path to Kick's door.

28. 우리가 블로그에 관하여 배운 열 가지

라디오는 1930년대에 황금시대를 가졌다. 1950년대에는 텔레비전의 차례였다. 역사가들이 블로그의 황금시대를 2004년부터 시작하는 것은 당연한데, 그 때 Merriam-Webster.com에서 가장 자주 검색된 정의는 블로그였다. 그것이 얼마나 오래 지속할까? 누가 알겠는가? 올 해 우리가 새로운 매체에 관해 발견한 것이 여기 있다.

By CHRIS TAYLOR

블로그를 하는 것으로 인해 해고될 수 있다.

Delta 항공사 승무원인 30세 Ellen Simonetti 가 – 다리가 길고 금발이며 자칭 "하늘의 여왕" – 자신의 블로그를 시작했을 때, 유니폼을 입은 자신의 인기있는 스냅사진을 게시하는 것이 재미있을 것이라고 생각했다. Delta 은 재미있게 생각하지 않았고, 신속하게 그녀를 해고했다. 용감한 Simonetti 는 자신의 블로그의 타이틀을 해고된 승무원의 일기 (Diary of a Fired Flight Attendant) 로 변경하고 자신의 일자리를 다시 찾으려는 법적인 투쟁을 상세하게 기록했다.

또한 블로거들은 최신 정보를 얻는다.

책 편집자인 Russ Kick 은 미국 군대가 이라크에서 돌아오는 관을 찍은 언론 사진들을 단속하고 있다는 것을 읽은 후에, 자신의 블로그인 기억의 구멍 (Memory Hole) 에 분노의 폭언을 가두어 두지 못했다. 그는 정보 자유법 (Freedom of Information Act) 을 청원했고 – 미국 국방부를 당황하게 만들면서 – 공군으로부터 361 장의 관 사진이 들어있는 CD를 우편으로 받았고 그는 그것을 신속하게 게시했다. 군대가 사진을 갖고 있는지를 물어볼 생각도 못한 전국지는 Kick 의 집에 쇄도했다.

Smart TOEIC

1. Historians may well date the golden age of the blog from 2004 – ___ Merriam-Webster.com's most searched-for definition was blog.

   (A) where
   (B) when
   (C) why
   (D) what

2. When Delta flight attendant Ellen Simonetti, 30 - a leggy blond and self-styled "queen of the sky" - began her blog, she thought it would be fun to post pinup snapshots of herself ___ uniform.

   (A) at
   (B) to
   (C) with
   (D) in

3. The national press, which hadn't thought to ask whether the military ___ pictures, beat a path to Kick's door.

   (A) have
   (B) has
   (C) had
   (D) had been

Smart TOEIC

1. 역사가들이 블로그의 황금시대를 2004년부터 시작하는 것은 당연한데, 그 때 Merriam-Webster.com에서 가장 자주 검색된 정의는 블로그였다.

    (A) where   (B) when   (C) why   (D) what

2. Delta 항공사 승무원인 30세 Ellen Simonetti 가 - 다리가 길고 금발이며 자칭 "하늘의 여왕" - 자신의 블로그를 시작했을 때, 유니폼을 입은 자신의 인기있는 스냅사진을 게시하는 것이 재미있을 것이라고 생각했다.

    (A) at   (B) to   (C) with   (D) in

3. 군대가 사진을 갖고 있는지를 물어볼 생각도 못한 전국지는 Kick 의 집에 쇄도했다.

    (A) have   (B) has   (C) had   (D) had been

                                        1.(B) 2.(D) 3.(C)

Smart Vocabulary

may well ~라고 하는 것은 당연하다   definition 정의, 설명   medium 매개물, 매체
self-styled 자칭(자임)하는   pinup 벽에 꼽는, 인기있는   undaunted 불굴의, 용감한
scoop 국자, 최신 정보   clamp down 죄다, 단속하다   pen 우리, 가두다   rant 폭언
file a request 청원서를 제출하다   beat a path to 쇄도하다

Bloggers Keep News Alive

So your blog hasn't succeeded in getting national attention for your pet issue? Don't lose heart. Just blog, link and repeat. It worked for conservative bloggers like Glenn Reynolds of Instapundit, who trumpeted the Swift Boat Veterans for Truth's claims this summer, as well as for liberal blogs like Daily Kos, which investigated evidence that President Bush wore a wire in his first debate. Some of the issues had questionable merit, but persistent bloggers made the subjects tough to ignore. Say it enough times online, and someone is bound to hear you.

Bloggers Can Be Titillating

In May a blog graphically detailing the sex life of an anonymous Capitol Hill staff member prompted D.C.'s most intriguing game of guess-the-author since Primary Colors. Jessica Cutler, a.k.a. Washingtonienne, was later outed and fired by her boss, Ohio Republican Mike DeWine, for "inappropriate use of Senate computers." (Her site is not for kids.) In another sign of the times, her first postfiring interview was with Wonkette, another Washington blogger.

Bloggers Can Be Fakers

Plain Layne, a highly personal blog supposedly belonging to a Minnesota lesbian named Layne Johnson that drew thousands of fans over 3 1/2 years before mysteriously disappearing, was revealed to be a hoax. Hundreds of fans helped track down the real author, Odin Soli, 35, a male entrepreneur from Woodbury, Minn. Later in the year, fake Bill Clinton and Andy Kaufman blogs became hits.

블로거들은 뉴스를 살아있게 만든다.

당신의 블로그가 애완동물 주제에 대한 전국적인 관심을 얻는데 성공하지 못했다? 낙담하지 말라. 그냥 블로그를 하고 링크를 하고 반복해라. 그것은 이번 여름 Swift Boat Veterans for Truth's 의 주장을 퍼뜨린 Instapundit 의 Glenn Reynolds 와 같은 보수적인 블로거들과 Bush 대통령이 첫 번째 토론에서 전선을 장착했다는 증거를 조사한 Daily Kos 와 같은 진보적인 블로그에게는 효과가 있다. 그 문제들 중 일부는 의심스러운 점을 갖고 있지만, 끈질긴 블로거들은 그 문제들을 무시하기 어렵게 만든다. 온라인에서 그것을 충분히 여러 번 말하라 그러면 누군가 당신의 말을 반드시 듣게 되어 있다.

블로거들은 흥을 돋을 수 있다.

5월에 익명의 의회 직원의 성생활을 사실적으로 상세하게 게시한 블로그는 워싱턴 D. C. 의 가장 흥미를 자아내는 저자 추측 게임을 촉발시켰다. 왜냐하면 Primary Colors. Jessica Cutler, a.k.a. Washingtonienne 이 그녀의 상관인 오하이오의 공화당 의원인 Mike DeWine 에 의해 "상원 컴퓨터의 부적절한 사용" 때문에 후에 쫓겨났고 해고되었기 때문이다.(그녀의 블로그 싸이트는 아이들을 위한 것은 아니다.) 또 다른 시대의 징후 가운데, 그녀의 첫 번째 해고 이후의 인터뷰는 또 다른 워싱턴의 블로거인 Wonkette 와 했다.

블로거들은 날조자일 수 있다.

아마도 Minnesota 의 여자 동성애자인 Layne Johnson – 신비스럽게 사라지기 전에 3년 반 동안 수천 명의 관심을 끈 – 이 만든 매우 개인적인 블로그인 Plain Layne 은 날조인 것으로 드러났다. 수백 명의 팬들이 진짜 블로거인 35세의 미네소타의 남성 기업가인 Odin Soli 를 추적하는 것을 도왔다. 올해 말에는, 가짜 Bill Clinton 과 Andy Kaufman 의 블로그가 히트했다.

Smart TOEIC

1. So your blog hasn't succeeded____getting national attention for your pet issue?

    (A) at
    (B) in
    (C) to
    (D) for

2. It worked for conservative bloggers like Glenn Reynolds of Instapundit, who trumpeted the Swift Boat Veterans for Truth's claims this summer, as well as ____liberal blogs like Daily Kos, which investigated evidence that President Bush wore a wire in his first debate.

    (A) at
    (B) in
    (C) to
    (D) for

3. Some of the issues had questionable merit, but persistent bloggers made the subjects____to ignore

    (A) tough
    (B) toughly
    (C) toughing
    (D) toughed

Smart TOEIC

1. 당신의 블로그가 애완동물 주제에 대한 전국적인 관심을 얻는데 성공하지 못했다?

   (A) at　　　(B) in　　　(C) to　　　(D) with

2. 그것은 이번 여름 Swift Boat Veterans for Truth's 의 주장을 퍼뜨린 Instapundit 의 Glenn Reynolds 와 같은 보수적인 블로거들과 Bush 대통령이 첫 번째 토론에서 전선을 장착했다는 증거를 조사한 Daily Kos 와 같은 진보적인 블로그에게는 효과가 있다.

   (A) at　　　(B) in　　　(C) to　　　(D) for

3. 그 문제들 중 일부는 의심스러운 점을 갖고 있지만, 끈질긴 블로거들은 그 문제들을 무시하기 어렵게 만든다.

   (A) tough　　(B) toughly　　(C) toughing　　(D) toughed

1.(B) 2.(D) 3.(A)

Smart Vocabulary

lose heart 낙담하다(자신감을 잃다)　conservative 보수적인
trumpet ~을 불어대다, 떠들어 퍼뜨리다　liberal 진보적인　persistent 끈질긴, 집요한
titillate 흥을 돋우다　graphically 사실적으로　anonymous 익명의
intriguing 흥미를 자아내는　supposedly 추정상, 아마　hoax 날조

Bloggers Make Money

Earn a living in your pajamas! Online ads (along with Google's automated ad server) allow popular bloggers to go pro. Joshua Micah Marshall of talkingpointsmemo.com, a political blog, says he makes $5,000 a month from banner ads - enough to hire a research assistant.

Most Bloggers Are Women

Men may have taken the lead in the early (read: geeky) days of blogging, but that's not the case now. According to a survey of more than 4 million blogs by Perseus Development, 56% were created by women. More bad news for the boys: men are more likely than women to abandon their blog once it's created. Call blogging a 21st century room of one's own.

Candidates Love Blogs

O.K., so Howard Dean never wrote his blog. But his campaign workers posted a surprisingly intimate online diary of life on the road, and Dean had collected $20 million in contributions via the Internet alone by the end of January 2004. It didn't take long for other politicos to catch on. When New York attorney general Eliot Spitzer announced that he was running for Governor this month, he did so on his blog.

Pets Have Blogs Too

It started as an in-joke among feline-friendly bloggers: why not post pictures of their cats every Friday afternoon? Friday catblogging became a hit, and soon even NASA was playing along by posting pictures of the Cat's Eye nebula.

Anyone Can Do It

Blogs wouldn't be such a democratic medium if they weren't so easy to set up. The most popular service, Blogger, owned by Google, boasts features like push-button photoblogging. Microsoft has launched a trial version of its own blogging service.

블로거들은 돈을 번다.

파자마를 입고 돈을 벌라! (Google 의 자동화된 광고 서버와 함께) 온라인 광고는 인기있는 블로거들을 전문가로 만든다. 정치적인 블로그인 talkingpointsmemo.com 의 Joshua Micah Marshall 은 배너 광고로부터 한 달에 5000 달러를 번다고 말한다 – 그 돈은 연구 조수를 고용하기에 충분하다.

대부분의 블로거들은 여성이다.

블로그의 초기에는 남자들이 선두에 섰지만, 이제는 그렇지 않다. Perseus Development 가 4백만 이상의 블로그를 설문조사한 것에 따르면, 56% 의 블로그를 여성이 만들었다. 남성들에게는 더 나쁜 소식인데, 그것은 남성들이 블로그를 만든 후 여성들보다 자신의 블로그를 더 많이 포기한다. 블로그를 하는 것은 21세기의 자기만의 방이라고 불러라.

후보자들은 블로그를 좋아한다.

그렇다. 그래서 Howard Dean 은 자신의 블로그를 결코 쓰지 않았다. 그러나 그의 캠페인 직원들이 길에서의 삶을 담은 놀라울 정도로 친밀한 온라인 일기를 게시했고, Dean 은 2004년 1월 말까지 인터넷으로만 기부금으로 이천만 달러를 모금했다. 다른 정치꾼들에게 유행하기까지 오래 걸리지 않았다. New York 의 검찰총장인 Eliot Spitzer 가 이번 달 주지사에 출마한다는 것을 발표했을 때, 그는 자신의 블로그에서 그것을 했다.

애완동물들도 블로그를 갖고 있다.

그것은 고양이를 좋아하는 블로거들 사이에서의 조크로 출발했다. 매 금요일 오후마다 그들의 고양이 사진을 올리면 어떨까? 금요일 고양이 사진 올리기는 히트했고, 곧 심지어 NASA 도 Cat's Eye 성운의 사진을 게시하여 함께 즐기고 있다.

어느 누구나 그것을 할 수 있다.

만약 블로그가 설치하는데 그렇게 쉽지 않다면 그러한 민주적인 매체가 될 수 없을 것이다. Google 이 소유한 가장 인기있는 서비스인 Blogger 는 버튼식의 사진 블로그 서비스와 같은 기능을 자랑한다. Microsoft 는 그 자체의 블로그 서비스의 시험판을 출시했다.

Smart TOEIC

1. Earn a living _____ your pajamas!

   (A) at
   (B) in
   (C) to
   (D) for

2. Call blogging a 21st century room of _____ own.

   (A) my
   (B) his
   (C) her
   (D) one's

3. When New York attorney general Eliot Spitzer announced that he was running _____ Governor this month, he did so on his blog.

   (A) at
   (B) in
   (C) for
   (D) to

Smart TOEIC

1. 파자마를 입고 돈을 벌라!

    (A) at   (B) in   (C) to   (D) for

2. 블로그 하는 것은 21세기의 자기방의 방이라고 불러라

    (A) my   (B) his   (C) her   (D) one's

3. New York 의 검찰총장인 Eliot Spitzer 가 이번 달 주지사에 출마한다는 것을 발표했을 때, 그는 자신의 블로그에서 그것을 했다.

    (A) at   (B) in   (C) for   (D) to

                                            1.(B) 2.(D) 3.(C)

Smart Vocabulary

go pro 프로선수가 되다   take the lead (~하는 데) 선두에 서다
geeky 엽기적인 흥행을 하는   intimate 친(밀)한   contribution 기부금
politico 정치꾼   catch on 유행하다, 인기를 얻다
attorney general 법무 장관, (각 주의) 검찰총장
in-joke 특정 집단 내에서만 통하는 농담   feline 고양이(같은)   nebula 성운
push-button 누름단추식의, 버튼식의

29. A Guru's Guide

At 94, He Knows How to Live

BY BRYAN WALSH

Dr. Shigeaki Hinohara was en route to a medical conference in 1970 when his flight was hijacked. For four days he and 130 other passengers onboard lived under the threat of death, as the communist-inspired terrorists stalked the aisles, wielding samurai swords and explosives, demanding to be taken to North Korea. "I expected to die," says Hinohara, now 94 years old. But the hijackers eventually agreed to release all of the passengers in Seoul, before taking the plane to North Korea. For Hinohara, those four days changed everything. "I believed I was privileged to live," he says, "so my life must be dedicated to other people."

Hinohara decided to devote much of the rest of his working days - 35 years and counting - to helping elderly Japanese learn to make the most of their sunset years. He formed the New Elder Citizens Group to inspire seniors, and in 2001 published an advice book, *How to Live Well*. (His publishers convinced him to change the title from the somewhat less commercially appealing How to Die Well.) The book became a surprise hit, selling more than 1.2 million copies and solidifying Hinohara"s status as Japan's guru of healthy aging. His seductively simple message: "If you keep working, if you keep learning something new, you'll never get old."

29. 전문가의 안내

94세에, 그는 어떻게 살아야 하는지를 알았다.

BRYAN WALSH

　Shigeaki Hinohara 박사는 1970년 의학 학회에 가는 도중 그의 비행기가 납치되었다. 공산주의에 영감을 받은 테러리스트들이 사무라이 칼과 폭발물을 휘두르며 북한으로 데려가 달라고 요구하면서 통로를 성큼성큼 걸어 다녔을 때, 4일 동안 기내에 있던 그와 130명의 다른 승객들은 죽음의 위협아래 살았다. 지금 94세인 Hinohara 는 "나는 죽을 것으로 예상했다"고 말한다. 그러나 납치범들은 비행기가 북한으로 가기 전에 결국 모든 승객들을 서울에 풀어주는데 동의했다. Hinohara 에게, 그 4일은 모든 것을 변화시켰다. 그는 "나는 살 수 있는 특권을 가졌다고 믿었다. 그래서 나의 삶을 다른 사람들에게 헌신해야 한다."라고 말한다.

　Hinohara 는 자신의 일하는 날 – 35년 그리고 지금도 계속해서 – 의 나머지 시간들을 일본 노인들이 황혼의 시간의 대부분을 어떻게 만들어 가야 하는지 배우는 것을 돕는데 헌신하기로 결심했다. 그는 노인들에게 영감을 불어넣기 위해 새로운 노인 시민 그룹 (New Elder Citizens Group) 을 만들었고, 2001년에 조언을 담은 책인『잘 사는 방법』(How to Live Well) 을 출판했다. (그의 책을 출판한 사람들은 그를 납득시켜서 다소 상업적으로 덜 매력적인『잘 죽는 방법』(How to Die Well)이라는 책의 제목을 바꾸었다.) 그 책은 놀라울 정도로 히트를 했고, 백이십만 부 이상 팔리며 일본의 건강한 노년의 권위자라는 그의 지위를 굳혀주었다. 그의 매력적으로 단순한 메시지는 "만약 당신이 계속해서 일한다면, 만약 당신이 새로운 것을 계속해서 배운다면, 당신은 결코 늙지 않을 것이다."이다.

Smart TOEIC

1. For four days he and 130 other passengers onboard lived under the threat of death, as the communist-inspired terrorists stalked the aisles, wielding samurai swords and explosives, demanding to_____to North Korea.

   (A) take
   (B) taken
   (C) be taken
   (D) have taken

2. But the hijackers eventually agreed to release all of the passengers in Seoul, _____taking the plane to North Korea.

   (A) before
   (B) after
   (C) when
   (D) so

3. Hinohara decided to devote much of the rest of his working days - 35 years and counting -_____helping elderly Japanese learn to make the most of their sunset years.

   (A) in
   (B) on
   (C) at
   (D) to

Smart TOEIC

1. 공산주의에 영감을 받은 테러리스트들이 사무라이 칼과 폭발물을 휘두르며 북한으로 데려가 달라고 요구하면서 통로를 성큼성큼 걸어 다녔을 때, 4일 동안 기내에 있던 그와 130명의 다른 승객들은 죽음의 위협 아래 살았다.

   (A) take   (B) taken   (C) be taken   (D) have taken

2. 그러나 납치범들은 비행기가 북한으로 가기 전에 결국 모든 승객들을 서울에 풀어주는데 동의했다.

   (A) before   (B) after   (C) when   (D) so

3. Hinohara 는 자신의 일하는 날 – 35년 그리고 지금도 계속해서 – 의 나머지 시간들을 일본 노인들이 황혼의 시간의 대부분을 어떻게 만들어가야 하는지 배우는 것을 돕는데 헌신하기로 결심했다

   (A) in   (B) on   (C) at   (D) to

1.(C) 2.(A) 3.(D)

Smart Vocabulary

guru 전문가, 권위자   en route (F) 도중에   stalk 성큼성큼 걷다, 활보하다
aisle 통로   wield 휘두르다   and counting 지금도 계속 증가중이다
convince 납득시키다, 확신시키다   appealing 매력적인, 흥미로운   solidify 굳(히)다
status 신분, 지위   seductively 매력적으로

That's a prescription the nonagenarian doctor - and part-time poet, novelist and composer - has clearly followed himself. He first joined the staff of St. Luke's International Hospital in Tokyo in 1941 and stayed on full-time until 1998. He served as president for the last 24 years of his career, which included running the hospital's response to the Aum Shinrikyo sarin attacks in 1995, at 83. When it comes to aging well, Hinohara is less concerned with the specifics of diet and exercise - though he personally restricts himself to 1,300 calories a day, sleeps little and avoids water - than with promoting the right mental attitude. Japanese people already know how to live a long time, he says, pointing to the country"s 25,000 centenarians. What they need to learn is how to stay productive and engaged after they've moved into the third phase of life. "After 75, you can still have potential," he says. "You need to have the freedom to explore that. You need to start something new, something you've never tried before."

Hinohara sees old age as a time when it's finally possible to cultivate an individuality that has too often been sacrificed for the sake of work. His own popularity shows just how resonant that message is among Japanese - his second advice book also hit the best-seller list, and he receives scores of fan letters every day from readers around the country. Still going strong, Hinohara says he has more books in the works, and he continues to lecture on aging around the world. But he's beginning to consider making a few concessions to approaching geezerhood. "When I get to 95, I think I'll take up golf," he says. "I'll finally have the spare time."

그것이 90대인 의사 – 파트타임 시인, 소설가, 작곡가 – 가 스스로 분명하게 따른 처방이다. 1941년 그는 도쿄에 있는 성 누가 국제 병원 (St. Luke's International Hospital) 의 직원으로 처음 일했고 1998년까지 정직원으로 남아있었다. 그는 지난 24년 동안 경력을 병원장으로 일했고, 그 기간 동안 83세인 1995년 Aum Shinrikyo 의 독가스 공격에 대한 병원의 대응을 이끌었다. 잘 나이드는 것에 관해서, Hinohara 는 식이요법과 운동의 특별한 것에는 덜 관심을 갖고 – 비록 그가 개인적으로 하루에 1300 칼로리로 자기 자신을 제한하고, 덜 자고, 물을 피할지라도 – 오히려 올바른 정신적인 태도를 갖는 것에 관심을 더 갖는다. 그는 일본에서 25,000명의 100세가 넘는 사람들을 가리키면서 일본 사람들이 어떻게 장수할 수 있는지를 이미 알고 있었다고 말한다. 그들이 배워야 할 필요가 있는 것은 그들이 인생의 세 번째 단계에 도달한 후에도 어떻게 생산적이고 일을 할 수 있는 상태로 남을 수 있는가이다. 그는 "75세 이후에, 당신은 아직도 가능성이 있다."라고 말한다. "당신은 그것을 탐험할 자유를 가질 필요가 있다. 당신은 새로운 것, 당신이 이전에 시도해보지 않았던 새로운 것을 시작할 필요가 있다."

 Hinohara 는 노년의 시기는 일하는 것을 위해서 너무나 자주 희생되어온 개인성을 계발하는 것이 마침내 가능한 시기라고 본다. 그의 인기는 그 메시지가 일본인들 사이에서 얼마나 공명하는지를 보여준다 – 그의 두 번째 조언하는 책도 또한 베스트셀러 목록에 올랐고, 그는 전국적으로 독자들로부터 매일 수십 통의 팬레터를 받는다. 계속 건강하게, Hinohara 는 아직도 작업중인 책이 더 있고, 전 세계적으로 노년에 관한 강연을 계속한다. 그러나 그는 다가오는 노년에 몇 가지 양보를 하는 것을 고려하기 시작했다. 그는 "내가 95세가 되면, 골프를 치려고 생각하고, 마침내 여유있는 시간을 가질 것이다."라고 말한다.

Smart TOEIC

1. That's a prescription the nonagenarian doctor - and part-time poet, novelist and composer - has clearly followed ___.

   (A) himself
   (B) itself
   (C) myself
   (D) themselves

2. When it comes to aging well, Hinohara is less concerned with the specifics of diet and exercise - though he personally restricts himself to 1,300 calories a day, sleeps little and avoids water - ___with promoting the right mental attitude.

   (A) more
   (B) than
   (C) too
   (D) as

3. ___they need to learn is how to stay productive and engaged after they've moved into the third phase of life.

   (A) that
   (B) which
   (C) how
   (D) What

Smart TOEIC

1. 그것이 90대인 의사 - 파트타임 시인, 소설가, 작곡가 - 가 스스로 분명하게 따른 처방이다.

    (A) himself   (B) itself   (C) myself   (D) themselves

2. 잘 나이드는 것에 관해서, Hinohara 는 식이요법과 운동의 특별한 것에는 덜 관심을 갖고 - 비록 그가 개인적으로 하루에 1300 칼로리로 자기 자신을 제한하고, 덜 자고, 물을 피할지라도 - 오히려 올바른 정신적인 태도를 갖는 것에 관심을 더 갖는다.

    (A) more   (B) than   (C) too   (D) as

3. 그들이 배워야 할 필요가 있는 것은 그들이 인생의 세 번째 단계에 도달한 후에도 어떻게 생산적이고 일을 할 수 있는 상태로 남을 수 있는가이다.

    (A) that   (B) which   (C) how   (D) What

1.(A) 2.(B) 3.(D)

Smart Vocabulary

prescription 명령, 규정, 처방   nonagenarian (나이가) 90대인 사람
sarin 독가스의 일종   When it comes to ~에 관하여는
be concerned with ~에 관계가 있다, ~에 관심이 있다   restrict 제한하다, 한정하다
centenarian 나이가 100세인(100세가 넘는) 사람   potential 가능성, 잠재력
resonant 공명하는, 울리는   geezerhood 노년   concession 양보, 용인

30. Those Fragile Hearts

Who dies from heart attacks? Surprisingly, more women than men.

BY SANJAY GUPTA

When I think of someone having a heart attack, the image that comes to mind is of a red-faced, overweight, middle-aged businessman. What I forget — and what I was forcefully reminded of by a survey in the current edition of *Women's Health Issues* — is that heart disease is also the No. 1 killer of women. In fact, more women than men die of heart disease each year, notes Dr. Sharonne Hayes, director of the Mayo Women's Heart Clinic and co-author of the study.

No wonder women with heart disease — 6.4 million in the U.S. alone — are unhappy with their medical care. In the past two decades, the number of men who die each year of heart disease has fallen from 510,000 to 440,000, thanks to better diagnosis and treatment, but the number of women who die of it has increased from 490,000 to 510,000, according to the American Heart Association.

The women in Hayes's survey think they know whose fault that is: 58% of those who were dissatisfied blamed the ignorance of their doctors. And they may be right. In a 1999 Gallup poll, only 55% of physicians surveyed correctly identified heart disease as the greatest health risk for women over 50. That's better than the 8% of American women who got the answer right in an American Heart Association survey - but doctors are expected to know this kind of thing!

30. 약한 심장

누가 심장마비로 죽는가? 놀랍게도 남자보다 여자가 더 많이.

BY SANJAY GUPTA

내가 심장마비에 걸린 사람을 생각할 때, 마음에 떠오르는 이미지는 얼굴이 붉고, 뚱뚱한 중년의 회사원이다. 내가 잊고 있는 것 – *Women's Health Issues* 최근 호에서 내가 설문조사로 인해 상기하게 된 것은 – 심장병은 여성을 죽이는 첫 번째 살인자라는 것이다. Mayo Women's Heart Clinic 의 책임자이며 그 연구의 공동 저자인 Dr. Sharonne Hayes 는 매년 남자들보다 여자들이 심장병으로 인해 더 많이 죽는다는 사실에 주목했다.

심장병에 걸린 여성이 – 미국에서만 640만 명 – 의학적인 치료에 불만족한다는 것은 놀라운 일이 아니다. 미국 심장 학회에 따르면, 지난 20년 동안, 진단과 치료를 더 잘한 덕분에, 매년 심장병으로 죽은 남자들의 수가 510,000명에서 440,000명으로 줄어들었지만, 심장병으로 죽은 여자들의 수는 490,000명에서 510,000명으로 증가하였다.

Hayes 의 설문조사에서 여자들은 그것이 누구의 잘못인지를 알고 있다고 생각한다. 불만족해하는 사람들의 58%가 의사들의 무지를 비난한다. 그리고 그들의 생각은 맞을지도 모른다. 1999년 갤럽 여론 조사에서, 설문조사에 응한 의사의 55%만이 심장병을 50세 이상 여자의 가장 큰 건강상의 위험으로 정확하게 알고 있었다. 그것은 미국 심장 학회 설문조사에서 올바르게 답을 한 미국 여자들의 8%보다는 높은 숫자이다 – 그러나 이러한 종류의 것을 더 잘 알고 있을 것으로 예상된다.

Smart TOEIC

1. What I forget — and what I was forcefully reminded____by a survey in the current edition of *Women's Health Issues* — is that heart disease is also the No. 1 killer of women.

   (A) of
   (B) in
   (C) at
   (D) for

2. In the past two decades, the number of men who die each year of heart disease has fallen from 510,000 to 440,000, thanks to better diagnosis and treatment, but the number of women who die of it ____from 490,000 to 510,000, according to the American Heart Association.

   (A) increase
   (B) increased
   (C) has increased
   (D) had increased

3. The women in Hayes's survey think they know____fault that is.

   (A) who
   (B) which
   (C) whose
   (D) whom

Smart TOEIC

1. 내가 잊고 있는 것 - *Women's Health Issues* 최근 호에서 내가 설문 조사로 인해 상기하게 된 것은 - 심장병은 여성을 죽이는 첫 번째 살인자라는 것이다.

   (A) of   (B) in   (C) at   (D) for

2. 미국 심장 학회에 따르면, 지난 20년 동안, 진단과 치료를 더 잘한 덕분에, 매년 심장병으로 죽은 남자들의 수가 510,000명에서 440,000명으로 줄어들었지만, 심장병으로 죽은 여자들의 수는 490,000명에서 510,000명으로 증가하였다.

   (A) increase   (B) increased
   (C) has increased   (D) had increased

3. Hayes 의 설문조사에서 여자들은 그것이 누구의 잘못인지를 알고 있다고 생각한다.

   (A) who   (B) which   (C) whose   (D) whom

1.(A) 2.(C) 3.(C)

Smart Vocabulary

come to mind 마음에 떠오르다   poll 여론 조사
identify 확인하다, 인지하다, 판정하다

Patients also expect doctors to give them the treatment they need. But Hayes found that women with heart disease are less likely than men to be diagnosed correctly or treated promptly and are less likely to be sent for cardiac rehabilitation. And though they are more likely to suffer depression and anxiety, they are less likely to be referred for psychological counseling. As a result, women with heart disease tend to become socially isolated. They feel, as Hayes puts it, that "no one understands what they're experiencing."

There are, in fact, differences in how men and women experience heart disease. Premenopausal women hardly ever have heart attacks; postmenopausal women, whose hearts are no longer protected by estrogen, on the other hand, quickly become even more vulnerable than men. Smoking increases the risk of heart disease more dramatically for women. Even the signs of an incipient heart attack can be different for each sex. While some women get the classic symptoms - chest and arm pain, a squeezing sensation in the chest and shortness of breath - many others experience atypical symptoms, such as dizziness, nausea and pressure between the shoulder blades.

또한 환자들은 자신이 필요로 하는 치료를 의사들이 해주기를 기대한다. 그러나 Hayes 는 심장병을 가진 여자들이 남자들보다 정확하게 진단받지 못하고 신속하게 치료받지 못하며 심장의 회복을 위해 병원에 덜 가게 된다는 것을 발견했다. 그리고 비록 여자들이 우울증과 근심 때문에 더 고통을 당하면서도 심리적인 상담을 위해 병원에 덜 가게 된다. 그 결과 심장병이 있는 여자들은 사회적으로 고립되는 경향이 있다. Hayes 가 말한 것처럼 여자들은 그들이 경험하는 것을 아무도 이해하지 못한다고 느낀다.

사실 남자들과 여자들이 심장병을 경험하는 방법에는 차이가 있다. 폐경이전의 여자들은 결코 심장마비를 겪지 않는다. 반면에 심장이 더 이상 에스트로겐에 의해서 보호를 받지 못하는 폐경이후의 여자들은 남자들보다 심지어 더 상처받기 쉽다. 흡연은 여자들에게 심장병의 위험을 더 증가시킨다. 심지어 초기 심장마비의 징후도 성에 따라 달라질 수 있다. 어떤 여자들이 전형적인 증상 - 가슴과 팔의 통증 가슴의 쥐어짜는 듯한 느낌 숨가쁨 - 을 보이는 반면 많은 다른 여자들은 현기증, 메스꺼움, 어깨뼈 사이의 압박과 같은 불규칙한 증상을 경험한다.

Smart TOEIC

1. But Hayes found that women with heart disease are less likely ___ men to be diagnosed correctly or treated promptly and are less likely to be sent for cardiac rehabilitation.

   (A) as
   (B) than
   (C) too
   (D) so

2. There are, in fact, differences in ___ men and women experience heart disease.

   (A) how
   (B) what
   (C) why
   (D) when

3. ___ some women get the classic symptoms - chest and arm pain, a squeezing sensation in the chest and shortness of breath - many others experience atypical symptoms, such as dizziness, nausea and pressure between the shoulder blades.

   (A) Because
   (B) Despite
   (C) While
   (D) When

Smart TOEIC

1. 그러나 Hayes 는 심장병을 가진 여자들이 남자들보다 정확하게 진단 받지 못하고 신속하게 치료받지 못하며 심장의 회복을 위해 병원에 덜 가게 된다는 것을 발견했다.

   (A) as (B) than (C) too (D) so

2. 사실 남자들과 여자들이 심장병을 경험하는 방법에는 차이가 있다.

   (A) how (B) what (C) why (D) when

3. 어떤 여자들이 전형적인 증상 – 가슴과 팔의 통증 가슴의 쥐어짜는 듯한 느낌 숨가쁨 – 을 보이는 반면 많은 다른 여자들은 현기증, 메스꺼움, 어깨뼈 사이의 압박과 같은 불규칙한 증상을 경험한다.

   (A) Because (B) Despite (C) While (D) When

                                    1.(B) 2.(A) 3.(C)

Smart Vocabulary

rehabilitation 복귀, 회복   refer 보내다   menopause 폐경, 갱년기   incipient 초기의
classic 전형적인   atypical 틀에 박히지 않은, 불규칙한   nausea 메스꺼움
shoulder blade 어깨뼈

The good news for both men and women is that heart disease has become simpler to diagnose. Treatment is easier too, with options ranging from diet and exercise to statins and surgery. Prevention is key. Everyone should get his or her blood pressure tested and cholesterol checked at least once a year. Nobody should ever smoke, but now that women know they are especially vulnerable, they owe it to their hearts - and their loved ones - to quit.

남자와 여자 모두에게 좋은 소식은 심장병을 진단하는 것이 더 간단해 졌다는 것이다. 다이어트와 운동에서부터 스타틴과 수술에 이르기까지 다양한 선택을 할 수 있는 치료는 더 쉽다. 예방이 중요하다. 모든 사람들은 적어도 1년에 한번 혈압을 재고 콜레스테롤을 확인해야만 한다. 어느 누구도 담배를 피워서는 안된다. 이제 여자들이 더 상처받기 쉽다는 것을 알았기 때문에 여자들은 그들의 심장과 그들의 사랑하는 사람을 위해 담배를 끊는 것이 당연하다.

Smart Vocabulary

statin 스타틴(콜레스테롤 저하제)
owe it to oneself to do ~하는 것이 자신에 대한 의무이다, ~하는 것이 자신을 위해 당연하다

31. Laughter Enhances Health

Scientists are just beginning to understand the role of humor in our lives and health. For example, laughter has been shown to have the following effects:

- Stressed-out people with a strong sense of humor become less depressed and anxious than those whose sense of humor is less well developed.
- Students who use humor as a coping mechanism report that it influences them to experience a positive mood.
- In a study of depressed and suicidal senior citizens, patients who recovered were the ones who demonstrated a sense of humor.
- Telling a joke, particularly one that involves a shared experience, increases our sense of belonging and social cohesion.

Laughter helps us in many ways. People like to be around people who are fun-loving and laugh easily. Learning to laugh puts more joy into everyday experiences and increases the likelihood that fun-loving people will keep company with us.

31. 웃음은 건강을 증진시킨다

과학자들은 우리의 삶과 건강에서 유머의 역할을 막 이해하기 시작한다. 예를 들어, 웃음은 다음과 같은 효과를 갖는다.

- 스트레스가 쌓인 사람들이 강한 유머 감각을 갖고 있으면 유머 감각이 덜 개발된 사람들보다 덜 우울하고 덜 걱정을 한다.
- 유머를 대응기제로서 사용하는 학생들은 유머가 그들에게 영향을 주어서 긍정적인 기분을 경험하게 한다고 보고한다.
- 우울하고 자살을 하려는 노인들에 관한 연구에서, 빨리 회복되는 환자들은 유머 감각을 보인 환자들이다.
- 농담을 하면서, 특별히 함께한 경험을 갖는 사람은 소속감과 사회적인 결속감을 증가시킨다.

웃음은 많은 방식으로 우리를 도와준다. 사람들은 재미있고 잘 웃는 사람들 주변에 있는 것을 좋아한다. 웃는 것을 배우는 것은 매일의 경험에 더 많은 기쁨을 가져다주고, 재미있는 사람들이 우리와 어울릴 수 있는 가능성을 증가시킨다.

Smart TOEIC

1. Stressed-out people with a strong sense of humor become less depressed and anxious than those_____sense of humor is less well developed.

   (A) how
   (B) whose
   (C) why
   (D) when

2. In a study of depressed and suicidal senior citizens, patients who recovered_____ the ones who demonstrated a sense of humor.

   (A) am
   (B) is
   (C) was
   (D) were

3. Learning to laugh puts more joy into everyday experiences and increases the likelihood that fun-loving people will keep company _____us.

   (A) in
   (B) on
   (C) to
   (D) with

Smart TOEIC

1. 스트레스가 쌓인 사람들이 강한 유머 감각을 갖고 있으면 유머 감각이 덜 개발된 사람들보다 덜 우울하고 덜 걱정을 한다.

   (A) how   (B) whose   (C) why   (D) when

2. 우울하고 자살을 하려는 노인들에 관한 연구에서, 빨리 회복되는 환자들은 유머 감각을 보인 환자들이다.

   (A) am   (B) is   (C) was   (D) were

3. 웃는 것을 배우는 것은 매일의 경험에 더 많은 기쁨을 가져다주고, 재미있는 사람들이 우리와 어울릴 수 있는 가능성을 증가시킨다.

   (A) in   (B) on   (C) to   (D) with

                                    1.(B) 2.(D) 3.(D)

Smart Vocabulary

enhance 높이다, 향상시키다   stressed-out 스트레스로 지친, 스트레스가 쌓인
coping mechanism 대응기제   demonstrate 보여주다, 입증하다, 실증하다
cohesion 화합, 결합, 응집력, 결속성   likelihood 가능성
keep company with ~와 친해지다, ~와 교제하다

A psychologist argues that positive emotions such as joy, interest, and contentment serve valuable life functions. Joy is associated with playfulness and creativity. Interest encourages us to explore our world, improving knowledge and cognitive ability. Contentment allows us to savor and integrate experiences, an important step to achieving mindfulness and insight. By building our physical, social, and mental resources, these positive feelings enable us to cope more effectively with life's challenges. While the actual emotions may continue only for a short time, their effects can be permanent and provide lifelong enrichment.

Laughter also seems to have positive physiological effects. A number of researchers have noted that laughter sharpens our immune systems by activating killer T-cells and increasing production of immunity-boosting interferon. It also reduces levels of the stress hormone cortisol.

In another study, 50 women with advanced breast cancer who were randomly assigned to a weekly support group lived an average of 18 months longer than 36 cancer patients not in the support group. The implication of this finding is that the women in the support group cheered each other on and that this allowed them to sleep and eat better, which promoted their survival.

심리학자는 기쁨, 관심, 만족과 같은 긍정적인 감정이 가치있는 삶의 기능을 만들어준다고 주장한다. 기쁨은 즐거움과 창조성과 관련이 있다. 관심은 지식과 인식력을 향상시키면서 우리의 세계를 탐색하도록 장려한다. 만족은 우리가 경험을 음미하고 통합하도록 해주는데 이것은 우리가 마음을 챙기고 통찰력을 얻는 중요한 단계이다. 우리의 신체적, 사회적, 정신적인 자원을 세워나감으로써 이러한 긍정적인 감정들은 우리가 삶의 도전을 더 효과적으로 대처할 수 있게 해준다. 실제 감정이 단지 짧은 시간 동안만 계속되는 반면, 이러한 효과는 영구적이고 평생 동안의 풍요로움을 제공한다.

웃음은 또한 긍정적인 생리학적 효과를 갖는 것처럼 보인다. 많은 연구자들은 웃음이 킬러 T세포를 활성화시키고 면역을 증가시키는 인터페론의 생산을 증가시킴으로써 우리의 면역시스템을 높여준다는데 주목해왔다. 또한 그것은 스트레스 호르몬인 코티솔 수준을 낮춘다.

또 다른 연구에서, 주간 지원그룹에 무작위로 선정된 유방암이 진행된 50명의 여성들은 지원그룹에 속하지 않은 36명의 암환자들보다 평균 18개월을 더 오래 살았다. 이러한 발견이 함축하고 있는 것은 지원그룹에 있는 여성들이 서로서로를 격려하고, 이것이 그들로 하여금 더 잠을 잘 자고 잘 먹도록 만들어 그들의 생명을 연장시켰다.

Smart TOEIC

1. _____ the actual emotions may continue only for a short time, their effects can be permanent and provide lifelong enrichment.

   (A) While
   (B) As
   (C) Though
   (D) When

2. A number of researchers _____ noted that laughter sharpens our immune systems by activating killer T-cells and increasing production of immunity-boosting interferon.

   (A) is
   (B) was
   (C) has
   (D) have

3. The implication of this finding is that the women in the support group cheered each other on and _____ this allowed them to sleep and eat better, which promoted their survival.

   (A) what
   (B) too
   (C) as
   (D) that

Smart TOEIC

1. 실제 감정이 단지 짧은 시간 동안만 계속되는 반면, 이러한 효과는 영구적이고 평생 동안의 풍요로움을 제공한다.

   (A) While   (B) As   (C) Though   (D) When

2. 많은 연구자들은 웃음이 킬러 T세포를 활성화시키고 면역을 증가시키는 인터페론의 생산을 증가시킴으로써 우리의 면역시스템을 높여준다는데 주목해왔다.

   (A) is   (B) was   (C) has   (D) have

3. 이러한 발견이 함축하고 있는 것은 지원그룹에 있는 여성들이 서로서로를 격려하고, 이것이 그들로 하여금 더 잠을 잘 자고 잘 먹도록 만들어 그들의 생존을 연장시켰다.

   (A) what   (B) too   (C) as   (D) that

   1.(A) 2.(D) 3.(D)

Smart Vocabulary

cognitive 인식의   contentment 만족   savor (맛을) 음미하다   integrate 통합시키다
mindfulness 유념, 마음챙김   physiological 생리학의   sharpen 향상되다
randomly 무작위로   implication 함축, 암시

스마트 시사영어

펴낸날 초판 1쇄 발행/ 2016년 10월 31일
2쇄 발행/ 2017년 8월 30일
3쇄 발행/ 2020년 8월 31일

지은이 이종문
펴낸이 원병철
편 집 박혜련
펴낸곳 장원문화인쇄
주 소 인천 미추홀구 숭의동 346-3번지
전 화 032-881-4944, 032-428-0070
팩 스 032-881-3237

정가 : 14,000원
ISBN 979-11-953271-7-1